생텍쥐페리의 미소

생텍쥐페리의 미소

초판 1쇄 | 2025년 4월 21일

지 은 이 | 이길원
펴 낸 이 | 이지영
펴 낸 곳 | 윙스펜

출판등록 | 2025-000011호
주　　소 | 경기도 파주시 직지길 302, 3층
전　　화 | 010-9241-3605
팩　　스 | 031-955-5010
이 메 일 | wingspen@naver.com

ISBN 979-11-991966-1-2 03800

값 17,000원

* 파본은 구입하신 서점에서 교환해드립니다.
* 이 책은 저작권법에 따라 보호받은 저작물이므로, 무단 전재와 복제를 금합니다.

소중한 글의 출판을 원하시는 분을 기다리고 있습니다.
원고 투고는 wingspen@naver.com으로 보내주세요.

삶과 지혜에 대한 시인의 성찰

생텍쥐페리의 미소

이길원

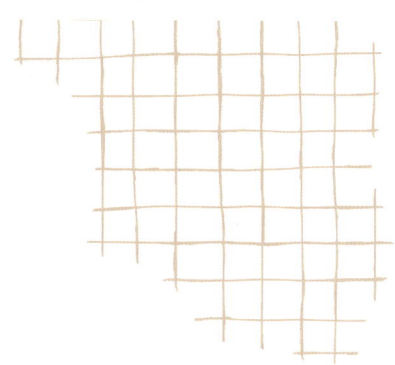

• 책머리에 •

40년간 시만 써 왔다. 첫 외도다. 그간 화광신문에 연재했던 칼럼 모음이다. 처음 청탁받았을 땐 몇 편만 쓰면 되는 줄 알았다. 독자의 반응이 좋다는 이유로 계속 집필 요청에 5년을 넘기고 있다. 그 바람에 독서량이 엄청 늘었다. 이런 기회를 준 신문에 감사드린다.

출판도시에서 碧泉 이길원

· 목차 ·

제1장 톨스토이의 사랑

헤밍웨이 법칙	10
생텍쥐페리의 미소	14
톨스토이의 사랑	18
한여름 밤의 꿈	22
인간의 품격	26
겸손의 미덕	32
대숭의 〈투우도〉	36
한국인의 정서	40
복 주는 사람	44
일은 축복이다	48
빛나는 성벽	53

제2장 남과 다르게

부자와 가난한 자	60
극복할 수 없는 '시련'은 없다	64
남과 다르게	68
꿈과 신념	72
새로 시작하자	76
카프만 부인의 〈광야의 샘〉	80
운(運)은 있는가	84
유혹의 함정	88
인생은 아프다	92
작은 습관의 기적	97

제3장	말의 향기		
	꽃처럼 말하기	104	
	말의 마음	108	
	말의 향기	112	
	친절이 주는 효과	116	
	그 다음은?	120	
	거울은 먼저 웃지 않는다	124	
	동네 의사	128	
	무상복지의 허상	132	
	꿀벌의 예언	137	
	짝꿍 만들기	142	

제4장	행복의 저울		
	행복의 저울	150	
	얀테의 법칙	155	
	쥐들의 위계질서	160	
	알퐁스 도데와 비제	165	
	세네카의 화에 대하여	170	
	확증편향	175	
	야생마 엔딩	180	
	친구를 위한 변명	185	
	기러기 여로	190	
	대추나무와 염소	194	

제1장

톨스토이의 사랑

헤밍웨이 법칙

어니스트 헤밍웨이(Ernest M Hemingway: 1899~1961)에게 노벨 문학상의 영광을 안겨준 〈노인과 바다〉는 소설 자체가 시詩다. 불필요한 형용사나 부사 없이 간결한 단문(Simple sentence)으로 이루어졌다. 시를 읽는 듯 섬세한 표현으로 시인 지망생에게는 필독 소설이다. 소설에는 유명한 대사가 많다.

험한 파도와 싸우며 고기잡이하는 노인의 말에는 우리에게 용기를 주는 언어들이 가득하다.

"지금은 없는 것을 생각하지 말고 있는 것으로 무엇을 할 수 있는지 생각해야 해."라든가 "희망을 버리는 것처럼 어리석은 일은 없어. 원래 좋은 일이란 계속 지속되지 않거든."

1954년 노벨문학상 심의 위원회는 '독보적인 내러티브 기술과 현대 문학의 스타일에 큰 영향을 미친' 공로로 그에게 상을 안겼다. 그는 〈노인과 바다〉, 〈무기여 잘 있거라〉, 〈누구를 위하여 종을 울리나〉 등 소설에서도 많은 명대사를 만들었다.

"남보다 뛰어나다는 것은 고결한 것이 아니다. 진정한 고결함은 그 전의 자신보다 더 뛰어난 것이다."

"사람에 따라 능력에는 차이가 있다. 자기 능력을 무시하고 남과 비교하면 안 된다."

〈태양은 다시 떠오른다〉에서 "태양은 매일 매일 떠오른다. 실패하는 사람들 대부분은 바로 자기 불신 때문이다."라는 말도 헤밍웨이의 언어다. 살면서 일어난 어렵고 고난에 찬 일도 "내일은 또다시 태양이 떠오른다."라는 말속에 절망을 딛고 일어설 수 있는 희망을 담고 있다.

행복에 관해서도 헤밍웨이는 이렇게 말했다. "타인의 행복이 나의 행복이 될 수 있다. 타인의 불행이 나의 불행이 될 수도 있다. 행복은 멀리 있는 것이 아니다. 손이 닿는 가까운 곳에 있다.

다." 카피라이터 겸 작가인 케이트 카나리는 이를 정리해 〈헤밍웨이 법칙〉이라 말했다. 이 헤밍웨이의 법칙을 미국의 어느 인문학 대학교수가 심리학 강의 시간에 실험으로 보여 준 예가 있다.

  교수는 학생들에게 풍선을 하나씩 나누어 주며 그 속에 자기 이름을 써넣고 바람을 불어 빵빵하게 채워 천장으로 날려 보내라고 했다. 한참이 지난 다음 교수는 5분 이내에 자기의 이름이 들어 있는 풍선을 찾아보라 했다. 학생들은 자신의 풍선을 찾으려 부딪치고 밀치며 교실은 아수라장이 되었다. 5분이 지났지만, 자신의 이름이 들어있는 풍선을 단 한 사람도 찾지 못했다.

  교수는 이번에는 아무 풍선이나 잡아, 그 속에 넣어둔 이름을 보고 그 주인을 찾아주도록 하였다. 순식간에 모두 자기 이름이 들어 있는 풍선을 하나씩 받을 수 있었다.

  교수는 학생들에게 말했다. "지금 실험한 '자기 풍선 찾기'는 우리 삶과 똑같습니다. 사람들은 필사적으로 행복을 찾아다니지만, 행복이 어디 있는지 헤매고만 있습니다. 행복은 다른 사람의 행복과 함께 있습니다. 다른 사람의 풍선을 찾아주듯 그들에게 행복을 나누어 주십시오. 그러면 여러분도 행복을 누리게 될 것입니다." 바로 이것이 '헤밍웨이의 법칙'이다.

행복은 무지개 머무는 먼 곳에 환상처럼 있는 것이 아니다. 헤밍웨이가 말하듯 바로 내 손안의 작은 꽃밭을 가꾸는 일이다. 바로 앞에 있는 사람의 행복이 내 행복의 길이고, 희망의 꽃밭이다. 함께하는 아내나 남편, 앞에 있는 자녀, 주변의 친지들. 그들이 행복해야 나도 행복해진다.

친구나 친지들을 만날 때 밥값 잘 내는 친구가 있다. 꼭 경제적 여유가 있어서 그러는 것이 아니다. 앞에 있는 사람을 배려하는 생각 깊은 사람이다. 친구들이 즐거워하며 고맙게 생각하는 모습에서 자신도 행복을 느끼고 있다. '헤밍웨이 법칙'은 해법 어려운 수학 공식이 아니다. 지금 당신 앞에 있는 사람과 함께 유쾌한 이야기 나누며 즐기는 것이 곧 나의 즐거움이고 행복이다. 나도 반성해 본다. 살아오는 동안 나는 주변에 행복을 나누어 주고 있었나.

생텍쥐페리의 미소

 〈어린 왕자(The Little Prince)〉를 쓴 프랑스의 앙투안 드 생텍쥐페리(1900~1944, Antoine de Saint Exupery)는 비행기 조종사다. 그런 연유 때문인지 그의 글엔 비행기 이야기가 자주 등장한다. 〈어린 왕자〉도 비행기 조종 중 사막에 불시착하면서 만나는 어린 왕자로부터 시작된다. 세계 150여 개 언어로 번역되어 현재까지 1억 부 이상 판매된 〈어린 왕자〉는 어린아이들에게 통과의례처럼 읽히고 있다. 어린이뿐만 아니다. 성인들에게도 생각하며 읽게 되는 동화다. 생텍쥐페리는 2차 대전 중 전투기 조종사로 참가했다가 목숨을 잃었다. 그는 전쟁 참가 시 체험을 바탕으로 〈미소〉라는 단편 소설을 썼다. 내용은 다음과 같다.

전투 중에 적에게 포로가 되어서 감방에 갇혔다. 간수들의 경멸적인 시선과 거친 태도로 보아 다음 날 처형될 것이 분명하였다. 나는 극도로 신경이 곤두섰다. 고통을 참기 어려웠다.

나는 담배를 찾아 주머니를 뒤졌다. 다행히 한 개비를 발견했다. 손이 떨려서 그것을 겨우 입으로 가져갔다. 하지만 성냥이 없었다. 그들에게 모두 빼앗겨 버렸기 때문이다.

나는 창살 사이로 간수를 바라보았다. 그러나 나에게 곁눈질도 주지 않았다. 이미 죽은 거나 다름없는 나와 눈을 마주치려고 할 사람이 어디 있겠는가. 나는 그를 불렀다. 그리고는 "불이 있으면 좀 주십시오." 하고 말했다. 간수는 나를 쳐다보고는 어깨를 으쓱하고는 가까이 다가와 담뱃불을 붙여 주려 하였다.

성냥을 켜는 사이 나와 그의 시선이 마주쳤다. 왜 그랬는지 모르지만 나는 무심코 그에게 미소를 지어 보였다. 내가 미소를 짓는 그 순간 우리 두 사람의 가슴속에 불꽃이 점화된 것이다.

나의 미소가 창살을 넘어가 그의 입술에도 미소를 머금게 했다. 그는 담배에 불을 붙여준 후에도 자리를 떠나지 않고 내 눈을 바라보면서 미소를 지었다. 나 또한 그에게 미소를 지으면서 그가 단지 간수가 아니라 하나의 살아 있는 인간임을 깨달았다.

나를 바라보는 그의 시선 속에도 그러한 의미가 깃들어 있다는 것을 눈치챌 수 있었다. 그가 나에게 물었다. "자식이 있소?" "그럼요. 있어요." 나는 대답하면서 얼른 지갑을 꺼내 나의 가족사진을 보여 주었다. 그 사람 역시 자기 아이들의 사진을 꺼내 보여 주면서 앞으로의 계획과 자식들에 대한 희망 등을 얘기했다.

나는 눈물을 머금으며 다시는 가족을 만나지 못하게 될 것과 내 자식들이 성장해 가는 모습을 지켜보지 못하게 될 것이 두렵다고 말했다. 그의 눈에도 눈물이 어른거리기 시작했다.

그는 갑자기 아무런 말도 없이 일어나 감옥 문을 열었다. 그러고는 조용히 나를 밖으로 끌어내었다. 말없이 함께 감옥을 빠져나와 뒷길로 해서 마을 밖에까지 나를 안내해 주었다. 그러고는 한마디 말도 남기지 않은 채 뒤돌아서서 마을로 급히 가버렸다.

한 번의 미소가 내 목숨을 구해준 것이었다. 웃으며 쳐다보는 하늘은 언제나 찬란하고 들풀마저 싱그러움을 더해준다.

생텍쥐페리의 단편 〈미소〉 줄거리다. 그렇다. 한 가닥 미소가 적의 심장을 녹였다. 그리곤 그를 죽음에서 구한 것이다. 사람과 사람 사이의 미소. 그것은 사회를 아름답게 할 뿐만 아니라 이웃과도 친밀한 관계를 만든다.

엘리베이터에서 만나는 사람들과 미소로 인사를 나누는 정경을 상상해 보라. 얼마나 아름다운가. 그런데 현 한국 사회는 미소가 보석처럼 귀해졌다. 어찌 된 연유인지 사회가 차갑다. 엘리베이터에서 만나는 사람들의 표정도 심각하기만 하다. 사회 전반도 편이 갈려 악다구니나 치고 있다.

한국 사회를 이끄는 문화 정치 사회 모든 지도자에게 책임이 있다. 동방예의지국이라는 한국 사회의 본모습은 어디로 가고 성난 얼굴들만 보인다. 도덕도 윤리도 사라진듯하다. 부정부패의 중심에 있으면서도 부끄러움도 모른다. 이제는 이 땅에 도덕 재무장 운동이라도 벌여야 한다는 생각이 든다. 부유하게 사는 것만이 목표가 되어서는 안 된다. 아름다운 삶, 보이는 것에 미소 지을 수 있는 사회가 보고 싶다. 생텍쥐페리의 "사막이 아름다운 것은 어딘가에 샘을 숨기고 있기 때문이다."라는 말을 되새김해 본다.

톨스토이의 사랑

〈전쟁과 평화〉〈안나 카레니나〉 등의 소설로 인류 정신문화에 큰 영향을 준 톨스토이(Lev Nikolayevich Tolstoy ; 1829~1910)는 많은 농노를 거느린 귀족 출신이었다. 그러나 그는 농민들의 고단한 삶을 보면서 그들의 계몽과 교육에 힘을 기울인 인권 운동가이기도 하다.

장편 소설로는 전쟁 참여를 계기로 발표한 〈전쟁과 평화〉, 농민 생활 속에서 사랑과 미움을 그린 〈안나 카레니나〉, 만년에 완성한 종교적 소설 〈부활〉 세 편에 불과하다. 하지만 그 모두 대작이다. 그의 단편 〈사람은 무엇으로 사는가?〉, 〈두 노인〉, 〈기도〉 등의 소설을 보면 대부분 가난을 달고 사는 농민들의 삶 속에서 피어오르는 사랑이 주제다.

톨스토이는 1882년 1월 시행된 인구조사에 참여하면서 눈 앞에 펼쳐진 빈민들의 비참한 삶이 그의 뇌리를 지배했다고 한다. 그는 몇 달 동안 말을 잃고 울기만 했다고 한다. 톨스토이는 그런 농노들의 삶을 보며 회한에 차 울며 소리쳤다고 한다.

"예술이란 인생의 거울인데, 인생이 이토록 비참하다면 거울이 무슨 가치가 있겠는가?"

그러면서 사유재산제도를 부정하고, 자신부터 '가난한 농부의 삶'을 살겠다고 선언하기에 이른다. 그는 농노들의 몫이었던 농사에 직접 참여하여 밭을 갈고 씨를 뿌리는 고된 노동도 마다하지 않았다. 그런 면에서 보면 그는 농민 해방 운동가이기도 하다. 톨스토이가 전 러시아인의 사랑을 받는 이유도 여기에 있다.

톨스토이는 소설을 위해 많은 여행을 한다. 여행 중 경험이 소설의 주제가 되기도 했다. 이런 일도 있었다. 어느 겨울, 여행 중 한 여관에 머물게 되었다. 아침에 일어나 떠나려 하는데 여관 주인은 무슨 연유인지 울며 매달리는 자기 아들을 때리는 게 아닌가.

　톨스토이는 그 연유를 물어보았다. 여인은 "이놈이 손님이 가진 가죽 가방 같은 것을 사달라고 조르는 것입니다. 그런 가방이 이런 마을에 있기나 합니까." 하는 것이다. 그 말을 들은 톨스토이는 소년에게 이야기했다. "아이야. 내가 여행에서 돌아올 때 이 가방을 네게 주마." 울음을 그친 소년은 "정말요?" 하면서 밝게 웃는 모습을 뒤로하고 그는 떠났다.

　톨스토이는 여행에서 돌아오는 길에 소년과의 약속을 위해 그 여관에 들렀다고 한다. 그런데 안에서는 울음소리가 들리는 것이 아닌가. 들어가 보니 톨스토이를 기다리던 소년이 급성 폐렴으로 방금 죽었다는 것이다. 죽는 날까지 소년은 "아저씨 언제 오느냐?"고 묻고 또 묻고 했다는 것이다.

　톨스토이는 생각했다. "그때 내가 가방을 소년에게 주었더라면 비록 죽더라도 그간 얼마나 행복해했을까." 하고 그때 가방을 주지 못한 것을 깊이 후회했다고 한다. 그 경험을 바탕으로 소설을 쓰며 사랑에 대한 명구를 남겼다. "사랑은 유예하는 것이 아니다. 사랑해야겠다고 느끼는 순간 바로 사랑해야 한다. 사랑을 내일로 미루지 마라. 바로 지금 사랑을 나누어야 한다. 중요한 시간은 바로 지금 이 시간이고, 가장 중요한 사람은 지금 내 앞에 있는 사람. 가장 중요한 일은 지금 하는 그 일이다."

여행을 즐기는 톨스토이는 1910년 10월 어느 날, 여든 살을 훌쩍 넘은 나이에 가출을 결행한다. 목적 없이 무작정 떠나는 여행이었다. 50년 넘게 살아온 아내를 남겨 두고 주치의와 막내딸만 데리고 상트페테르부르크역으로 가서 목적지도 없이 무작정 3등 열차에 올라탔다. 가다가 지치면 쉬었다가 다시 떠나는, 그야말로 자유로운 여정이었다. 러시아의 추위가 열차 안에 가득했다. 그러나 톨스토이는 행복했다. 따뜻한 집보다 더 평온했다고 한다. 하지만 고령의 몸은 추위를 견디기엔 너무 연약했다. 결국, 독감에 걸려 랴잔역과 우랄역 사이에 있는 아스타포보(현 톨스토이역)라는 자그만 시골 역에 내릴 수밖에 없었다. 거기서 톨스토이는 사망했다.

인생의 주인은 바로 당신 자신이다. 남을 이해하려면 먼저 사랑하라. 내가 이해하는 모든 것은 내가 사랑하기 때문이다. 톨스토이 말을 되새김해 본다.

한여름 밤의 꿈

라디오를 듣고 있는데 진행자는 멘델스존의 '한여름 밤의 꿈(A Midsummer Night's Dream)' 중에서 '결혼 행진곡(The wedding song)'을 들려주고 있었다.

음악을 들으면서 나는 지구상의 많은 생명 중 인간으로 태어난 것에 대해 다시 한번 감사하고 행복하다는 생각했다. 문화 예술은 인간만이 누리는 특권이며 인간만이 이를 창출하고 누리고 있지 않은가. 이런 음악을 들을 수 있다는 것에도 행복했다.

〈한여름 밤의 꿈〉은 우리가 이미 잘 알고 있는 영국의 윌리엄 셰익스피어(William Shakespeare:1564~1616) 작품이다. 셰익스피어는 〈로미오와 줄리엣〉을 쓰고 난 후, 사랑을 주제로 한 희곡에서 두 주인공을 죽음으로 몰고 간 결말이 너무 비극적이라 생각했다. 그래서 이보다는 덜 비극적인 아주 희극적인 사랑 이야기를 쓰기로 했다. 그는 곧바로 1590~1596년까지 6년 동안 〈한여름 밤의 꿈〉이라는 희곡을 쓴다.

줄거리는 〈로미오와 줄리엣〉과 비슷하다. 다만 〈로미오와 줄리엣〉에서는 두 주인공을 죽음으로 막을 내리지만, 〈한여름 밤의 꿈〉에서는 두 주인공이 행복하게 결혼하는 것으로 결론을 내린다. 전 편에 걸쳐 우스꽝스러운 유머와 재치가 넘치는 희극적 요소가 다분한 작품이다.

북유럽에서 1년 중 해가 가장 긴 날을 'Midsummer night'이라 한다. 우리말로 '하지'이다. 유럽에서는 특히 이날을 '성 요한의 날(St. John's Day)'라고 하며 크리스마스에 버금가는 여러 가지 축제를 즐긴다. 특히 북유럽 스칸디나비아 사람들은 이날 여러 가지 해학적이고 환상적인 사건들이 일어난다고 믿는 미신도 있다.

셰익스피어는 이 〈한여름 밤의 꿈〉에서 요정과 사람 사이에서 일어나는 해학적인 사건과 재치로 사랑하는 두 사람의 이야기를 펼친다. 셰익스피어의 작품이 대부분 그렇지만 이 작품에서도 전편에 걸쳐 시詩처럼 아름다운 문장이 가득하다. 이 작품에 아주 유명한 대목이 있다.

> Things base and vile, holding no quantity.
> Love can transpose to form and dignity.
> Love looks not with the eyes, but with the mind
> - by W. Shakespeare <A Summer Midnight's Dream> 1act 1cp.

> 아무리 천박하고 비천할지라도
> 사랑은 고귀하고 품위 있나니
> 사랑은 눈으로 하는 것이 아니라 마음으로 하는 것
> - 윌리엄 셰익스피어 <한여름 밤의 꿈> 서언 1악장

셰익스피어가 서거하고, 193년 후 멘델스존(Mendelssohn: 1809~1847)이라는 음악가가 태어났다. 학구열이 높았던 멘델스존의 독서량은 대단했다. 멘델스존은 셰익스피어의 이 <한여름 밤의 꿈>을 읽으면서 서언에 감동하여 곡을 붙일 결심을 한다.

멘델스존은 작품 구성에 적합하도록 환상적인 발레를 위한 곡

을 만든다. 1826년 서곡(Overture)을 작곡하고, 17년 후 1843년 나머지 12곡을 모두 완성한다. 1596년에 발표된 셰익스피어의 작품이 사후 245년 만에 멘델스존에 의해 발레 음악으로 재생된 것이다. 〈한여름 밤의 꿈〉은 멘델스존의 대표적인 창작 발레곡이다.

이 곡 중에 서곡, 스케로쪼, 인테메쪼, 결혼 행진곡은 특히 잘 알려져 있다. 그중에서도 '결혼 행진곡(The wedding song)'은 멘델스존 생존 시에는 그리 유명하지는 않았다. 멘델스존 서거 78년 후인 1925년 영국 왕실 결혼식에서 공식적으로 이 음악을 처음 사용한 후, 이제는 전 세계 어디에서나 결혼식 때면 울리는 중요한 음악이 되었다. 멘델스존 사후 171년 지난 오늘까지 인류 결혼 문화의 중심에 있다.

문자에서 출발한 문화 예술 속에 음악이 있고 연극이 있고 영화가 있고 무용도 있다. 지금 세계적 인기를 끌고 있는 소위 K-Pop이 있다. 그런 예술을 창작하는 것도 인간이고 즐기는 것도 인간이다. 그러니 인간으로 태어난 것이 축복이 아닌가.

인간의 품격

내가 일하는 곳은 파주 출판도시이다. 단지 조성 초기에 입주했다. 처음엔 허허벌판이었다. 그 무렵 한 친구가 공장에서 키워 보라며 진돗개 새끼 한 마리를 주었다. 암놈이었다. 점심 식사 후 나는 놈에게 목걸이를 채워 산책하러 자주 나갔었다. 처음엔 몰랐다. 놈은 가는 곳마다 킁킁거리며 오줌을 지리면서 자기 영역을 만들기 시작하는 게 아닌가. 놈은 땅을 점점 넓히는 것이다. 생후 3개월째 이야기이다.

생후 6개월 되었을 때이다. 놈은 툭하면 집을 나가더니만 한나절 어디 가서 놀다가 저녁이면 돌아왔다. 그러더니 급기야 배가 불러오는 것이다. 오매~~ 요놈이 바람이 나서 임신을 한 것이다. 안 되겠다 싶어 목줄을 채워 놓았다. 그랬더니 목줄을 끊고 밖으로 나가려 무진 애를 쓰는 것이다. 가끔 목줄을 풀고 도망가기도 했었다. 그럴수록 목줄을 더 단단히 했다. 어느 날 이번에는 어디서 수놈이 한 마리 나타나 놈의 근처를 어슬렁거리는 것이다. 놈의 목에 끊긴 사슬이 있는 걸 보면 분명 주인이 있는 놈인데 제 연인을 만나려 기를 쓰고 목줄을 끊고 냄새 따라 이곳에 온 것이다. 이 무렵 나는 이 진돗개의 행태를 빌어 몇 편의 시를 썼다. 세 번째로 이런 시를 썼다.

놈이 이 땅에 등기를 낼 줄이야
목줄에 끌린 저녁 산책길
그래도 놈이 가는 곳은 일정했다
감나무 밑동에 오줌 한 줄기
몇 발작 더 가 싸리나무 곁에 또 한 줄기
국화 꽃잎에 코 대고 킁킁
빙 둘러 경계 그으며 등기 내더니
살을 붙이듯 조금씩 넓힌다

나도 어렴풋이 놈의 땅을 짐작한다
　　그 땅 안에서 놈은 왕이다
　　길 잃은 개라도 들어오면
　　이빨 세워 으르렁
　　놈의 허락 없이는 넘볼 수 없는 영역
　　인간들도 그 땅에 금 그으며 킁킁거린다

　　노을을 타고 앉은 부처님
　　빙긋 웃는다 - <견공의 등기> 전문

　놈은 인간들이 제 땅이라 우기며 등기를 낸 땅에 저도 등기를 낸 듯 행세를 하는 것이다. 누가 가르쳐 준 것도 아닌데 짝짓기도 한다. 인간들이 하는 행동과 똑같다. 새끼까지 늘자 감당할 수가 없어 새끼 따로 어미 따로 남에게 분양해 주었다. 그러고 나니 개가 넓혀 놓은 땅도 놈에겐 아무 소용이 없게 되었다. 사람이라고 다를 게 없다. 등기를 내놓고 제 땅이라 우기던 사람도 저세상으로 가면 그만이다.
　세상에 살아 있는 동물들은 이렇듯 주변에 많은 호기심을 보인다. 인간도 동물인지라 예를 든 개처럼 재산과 권력에 욕심을 내기도 하고 이성에 강한 호기심을 보이며 집착하기도 한다. 그러나 인간은 그에 한 가지 더하여 지적知的 호기심을 가지고 있다.

해는 왜 동쪽에서 뜨는지 궁금해하면서 해 뜨는 곳을 향해 앉아 사색하는 호랑이나 늑대를 본 일이 없다. 동물들은 지구 반대편에서 무슨 일이 일어나든 관심이 없다. 그들의 관심은 오로지 먹고, 자고, 종족을 번식하고, 생존하는 문제에 국한되어 있다. 인간처럼 원초적 본능을 벗어난 어떤 형이상학적 문제에 고뇌하지 않는다.

인간도 동물의 한속이다. 인간 역시 다른 동물과 마찬가지로 본능 충족을 위한 강한 호기심을 가지고 있다. 그러나 인간은 본능 충족과는 관계없이 모르는 것을 알고자 하는 지적 호기심을 가지고 있다.

인간들은 자연 현상의 변화는 물론, 인간 본연의 의문에 대한 해답을 얻기 위해 많은 고뇌를 한다. 해는 왜 동쪽에서 떠서 서쪽으로 지는지, 수평선 너머에는 어떤 세계가 존재하는지, 우주의 다른 별에도 인간 같은 지적 동물이 존재하는지, 인간이란 도대체 어떤 존재인지, 하는 등등의 의문에 고심하고 그런 것들을 알고 규명하기 위해 사색과 연구에 몰두한다. 생로병사生老病死의 의문을 풀기 위한 석가모니처럼 말이다.

이런 것들은 본능 충족에서 오는 쾌락과는 정반대로 오히려 고통을 수반한다. 인간은 이런 고통을 감수하면서 그 원인을 알아내려 한다. 그것은 분명 동물들의 본능 충족 행위와는 다른, 지적 욕구의 실현이라 할 수 있다. 이와 같은 인간의 호기심을 동물이 지닌 본능적 호기심과 구별하여 지적 호기심이라고 부른다. 지적 호기심. 그것은 오직 인간만이 지니 고유한 특성이다. 고대 그리스의 아리스토텔레스가 '인간은 지적 호기심을 가진 동물'로 정의했던 이유도 여기에 있다.

우리는 그저 맛있는 음식을 마음껏 먹고 잘나고 예쁜 이성과 즐기는 일로 낙으로 삼으며, 금전과 권력에 집착하고 투쟁하는 것만으로 세상을 사는 사람을 존경하지 않는다. 돈이 많은 사람을 부러워할지는 몰라도 존경하지 않는다.

오히려 가난하고 힘없는 자라도 이 세계란 무엇인지, 인간이란 어떤 존재인지, 왜 사는 것인지, 어떻게 사는 것이 가치 있는 삶인지, 죽음 이후의 인간은 어찌 되는지 등등 인간의 삶과 직결

된 지적 문제에 고민하면서 이를 해결하기 위해 전 생애를 바친 사람을 존경한다.

석가모니, 예수 그리스도, 공자, 소크라테스 등을 예로 들 수 있다. 우리는 그런 사람들에게 존경심을 가지고 2천 년 또는 4천 년이 지난 지금도 절을 하며 경배한다. 그들은 돈을 소유하지도 않았다. 개처럼 땅을 넓히려 하지도 않았다. 가장 인간다운 인간, 가장 고귀한 인간은 바로 이처럼 '지적 호기심'이 강한 사람이라 할 수 있다. 지적 호기심의 정도에 따라 여러 계층의 인간, 즉, 동물적 수준의 인간으로부터 인간다운 인간, 나아가 그 자체를 초월한 신격화된 인간들로 분류할 수 있다. 예수도 석가도 인간이다. 그러나 그들은 우리와는 격이 다른 인간이다.

인간도 사람에 따라 그 품격을 달리한다. 해탈하여 신의 경지에 가까이 가 있는 사람이 있는가 하면, 앞에서 예를 든 개처럼 동물적 본능만으로 사는 사람들도 많다. 인간은 스스로 자신의 품격을 만든다. 나는 과연 인간다운 인간인가, 아니면 동물적인 인간인가 하는 품격도 스스로 만든다. 내가 어느 쪽의 위치에 있는지도 스스로 판단할 수 있다.

겸손의 미덕

 2천년 로마를 배경으로 한 영화 〈벤허〉에서 벌어지는 전차 경기는 압권이다. 트랙을 질주하며 죽음을 불사한 경기는 관객의 숨을 멈추게 했다. 경기가 끝나고 승리한 주인공이 손을 흔들며 경기장을 돌 때 관중들은 열광적인 환호를 보낸다.

 유럽을 평정한 로마 전성기에 전쟁에서 승리한 장군에게도 이런 영광이 주어졌다. 전쟁에서 승리한 장군은 백마 네 마리가 끄는 전차를 타고 개선 퍼레이드를 벌인다. 영웅이 손을 흔들며 연도를 메운 로마 시민의 환호 속을 행진하는 것이다.

 그런데 개선장군이 손을 들며 시민들에게 화답하는 동안, 장군 뒤에 탑승한 사람이 큰소리로 "메멘토 모리(memento mori)!" "메멘토 모리!"하고 외친다는 것이다. 시민들의 환호성이 커지면 커질수록 그 외침도 따라 커진다는 것이다. 로마어로 메멘토 모리는 '언젠가는 죽는다.'라는 말이라고 한다.

"오늘은 개선장군이지만 너도 언젠가는 죽는다. 겸손하게 행동하라."라는 경고라고 한다. 승리에 도취한 장군을 향해 준엄한 하늘의 소리를 들려주는 것이다. 영광스러운 승전의 순간에도 인간의 본분을 잊지 말고 교만한 인간의 관성에 경각심을 일깨우는 것이다.

"로마 최고의 환대 물결 속을 가르며 행진하는 시간에도, 모두가 너를 향해 열광하는 순간에도, 죽음이 뒤따르는 인간이라는 것을 자각하라."라는 것이다. 승리에 도취하여 교만하지 말고 겸손해지라는 말이다.

우리 국민은 지금 축구 선수 손흥민에게 열광하고 있다. 막아서는 수비수들을 제치고 70m를 질주하며 골문을 가르는 손흥민은 우리를 놀라게 했다. 상암동 축구장에서 겹겹이 골문을 막고 선 수비수들의 얼굴 넘어 포물선을 그리며 골에 성공하는 노련

함은 탄성을 자아낸다. 그런 경우를 대비해 자리를 바꾸어 가며 수천 번도 더 연습했다고 한다. 그는 분명 세계적 선수이다. 전쟁에서 승리한 로마의 장군 같은 자부심을 가질 만하다.

언론은 그를 세계적인 선수라고 칭송한다. 그런데 정작 손흥민이나 그를 길러낸 부친 손웅정은 손사래를 친다. 손흥민이 그렇게 되기까지는 그간 피땀 어린 노력의 결과이다. 그런데도 아직도 더 열심히 해야 한다고 말한다. 이 겸손. 이런 겸손은 그를 더 빛나게 한다. 손흥민 정도면 어깨 으쓱이며 잘난 척할 수도 있다. 그런데 겸손하다. 그래서 우리는 더욱 그에게 열광한다.

18세의 청년 임윤찬이라는 피아니스트가 반 클라이번 콩쿠르에서 최연소 우승했을 때, 그의 말도 우리에게 감동을 선사했다. 하루 12시간씩 피아노 앞에 앉아 있었다는 피나는 노력의 결과이다. 하지만 그는 나이답지 않게 겸손하기만 하다. "상을 받았다고 내 실력이 느는 것은 아니다."라 한다. 자랑스럽기 그지없는데 겸손하기만 하다. 그 겸손에 감동한 나는 5백만 조회 수를 기록한 '라흐마니노프의 피아노 협주곡 3번'을 들어 보았다. 그의 겸손이 보태져 감동은 배가되었다.

사람들은 조그만 성과에도 잘난 척하기 좋아한다. 그런데 정작 잘난 척하면 사람들이 곧 얼굴을 돌린다는 사실을 모른다. 잘났으니까 잘난 척할 수 있다. 그러나 잘난 척하는 순간 그의 업적은 빛바랜 그림이 될 뿐이다.

자기만 잘났다고 뽐내거나, 가진 것 좀 있다고 없는 사람을 업신여기거나, 좀 배웠다고 잘난 척하거나, 권력 있고 힘 있다고 마구 날뛰는 사람들이 있다. 그러나 그 순간 버려지는 꽃처럼 외면당한다는 걸 모르는 모양이다.

남들보다 조금 부족한 듯, 남들보다 조금 못난 듯, 남들보다 조금 손해 본 듯 살아가는 게 사랑받으며 사는 현명한 삶이다. 그럴 때 나를 사랑해주고 찾아주는 좋은 친구들이 많이 생긴다.

살아가는 동안 좋은 날만, 좋은 일만 있을 수 없다. 더러는 비에 젖고 바람에 부대끼며 웃기도 울기도 하는 것이 우리네 인생이다. 내 마음 같지 않은 세상이라고 한탄하게도 한다. 그러나 분명한 것은 내 마음 몰라주는 사람들이라도 겸손한 태도에는 모두가 용서된다는 점이다. 정치권은 물론 잘난 척하는 사람들이 넘치는 세태에 말한다.

대숭의 〈투우도〉

우리가 무엇인가 잘 알고 있다고 생각하는 것들이 진실만은 아닐 수 있다. 자신이 잘못 알고 있는 일을 진실이라고 믿고 착각에 빠져 고집하는 사람들을 종종 본다. 그런 사람들이 진실을 부정하는 때도 흔하다. 강렬하게 자신의 잘못된 의견을 개진하기도 한다. 때로는 전개하는 이론도 정연整然해 듣는 사람들도 착각하기에 십상이다. 그러나 생각해 보아야 한다. 내가 아는 것이 과연 정말로 아는 것인지, 아니면 안다고 생각하는 것인지, 냉정하게 살펴볼 필요가 있다.

중국 송나라 때 유명한 학자 증민행曾敏行(1118~1175)이 지은 〈

독성잡지獨醒雜誌〉의 고사 집에 이런 이야기가 있다.

당나라 유명한 화백 대숭戴嵩은 전원 풍경과 생동감 넘치는 소를 잘 그려 이름을 떨쳤다. 또 한간韓幹이라는 화백은 말을 잘 그리기로 유명했다. 이 두 화가를 사람들은 '한마대우韓馬戴牛'라고 했다. 그들이 남긴 작품에는 삼우도三牛圖와 귀목도歸牧圖등이 있었다. 그 가치는 돈으로 환산하기 어려울 정도였다.

대숭이 그린 〈투우도鬪牛圖〉 한 폭이 전해오다 송나라 진종 때 재상인 마지절馬知節이 소장하게 되었다. 그림에 남다른 일가견을 가지고 있던 마지절은 그림을 수집하고 감상하는 것을 큰 즐거움으로 삼았다. 특히 그가 소장한 〈투우도〉는 당나라의 유명한 명인이 남긴 작품인지라 극진히 아꼈다.

혹 그림에 벌레나 좀이 쓸 것을 방지하기 위해 비단으로 덮개를 만들고 옥으로 족자 봉도 만들었다고 한다. 햇빛과 바람이 좋은 날을 택해 자주 밖에 내다 말리며 수시로 일광욕시키기도 하였다.

어느 날, 대청 앞에 그림을 걸어놓고 바람을 쐬어주고 있는데, 소작료를 내려고 찾아온 한 농부가 먼발치에서 그 그림을 보고는 피식 웃었다.

'글도 모르는 무식한 농부가 그림을 보고 웃다니.' 마지절은 화가 나서 농부를 불러 세웠다. "너는 대체 무엇 때문에 웃었느냐?" "그림을 보고 웃었습니다." "이놈아! 이 그림은 당나라 때의 대가인 대숭의 그림이다. 그런데 감히 네까짓 게 그림에 대해서 무얼 안다고 함부로 비웃는 것이냐?"

마지절이 불같이 화를 내자 농부는 겁에 질려 부들부들 떨면서 대답했다. "저 같은 무식한 농부가 어찌 그림에 대해 알겠습니까? 하오나 저는 소를 많이 키워 보고 소가 저희끼리 싸우는 장면도 많이 보았기에 소의 성질을 조금 알고 있습니다. 소는 싸울 때 머리를 맞대고 힘을 뿔에 모으고 서로 공격하지요. 하지만 꼬리는 바싹 당겨 두 다리 사이의 사타구니에 집어넣고 싸움이 끝날 때까지 절대로 빼지 않습니다. 아무리 힘센 청년이라도 소꼬리를 끄집어낼 수 없지요. 그런데 이 그림 속의 소는 꼬리를 하늘로 치켜들고 싸우고 있지 않습니까? 그러니 절로 웃음이…."

농부의 말에 놀란 마지절은 얼굴을 붉혔다. 그리고 대청에 걸어놓고 일광욕시키던 대숭의 그림을 내리며 탄식했다. "대숭은 이름난 화가지만 소에 대해서는 너보다 더 무식했구나. 이런 엉터리 그림에 속아 평생 씻지 못할 부끄러운 헛일을 하고 말았도다. 그간 애지중지했던 내가 정말 부끄럽구나."

요즘 우리 사회에서 일어나고 있는 정치적 갈등과 언론에 등장하는 사회 지도자들의 언행과 대비되는 이야기다. 잘못 알고 있는 사실을 확대하여 해석해 목소리를 높이는 사람들이 아주 많다. 다른 사람의 의견에 무조건 강렬히 반박하는 사회 지도자들의 언행이 우리를 답답하게 한다. 그런 사람들이 사회를 시끄럽게 한다. 그런 언행들이 언론에 자주 오르내리는 자체가 싫다.

소를 키워 본 무식한(?) 농부가 마지절이 그토록 아끼던 대숭의 투우도의 오류를 쉽게 보듯, 국민도 정치 사회의 그런 언행의 오류를 쉽게 보고 안다. 그런데도 그들만 모르는 듯 행동한다. 마지절은 농부의 말에 자신이 잘못 알고 있었다는 사실을 인지하고 자탄했다. 하지만, 이 사회의 정치 지도자들은 알려 주어도 모르는 모양이다. 머리가 나쁜 것인지, 판단을 못 하는 것인지, 구별되지 않는다. 그런 사람들의 언행이 언론에서라도 사라지기를 기대해 본다.

한국인의 정서

장편 소설 대지大地로 1938년 노벨문학상을 받은 펄 벅(Pearl S. Buck: 1892~1973) 여사는 미국에서 태어난 지 수개월 만에 선교사였던 부모를 따라 중국에서 자랐다. 여사는 한국을 특별히 사랑했다. 이유는 한국인 특유의 정情에 있다. 여사는 〈대지〉 집필 후, 한국에 관한 소설을 쓰기 위해 1960년에 처음 한국을 방문했다.

여사는 여행지를 농촌 마을로 정하고 경주를 방문했다. 그런 여사는 진기한 풍경을 보았다. 황혼 무렵, 지게에 볏단을 진 채, 소달구지에 볏단을 싣고 가는 농부의 모습이다. 힘들게 지게에 짐을 따로 지고 갈 게 아니라 달구지에 싣고 타고 가면 편하리라 생각한 여사는 농부에게 다가가 물었다. "왜 소달구지를 타지 않고 힘들게 갑니까?" 그러자 농부가 말했다. "에이, 어떻게 타고 갑니까. 저도 온종일 일했지만, 소도 온종일 일했는데요. 그러니 짐도 나누어서 지고 가야지요."

소를 가족처럼 사랑하는 농부의 마음에 놀란 여사는 고국으로 돌아가 이 모습을 세상에서 본 가장 아름다운 풍경이라고 하며, "한국의 농부가 소의 짐을 덜어 주려고 자신의 지게에 볏단 한 짐 지고 소와 함께 귀가하는 모습에 온몸에 전율을 느꼈다."라고 말했다.

여사는 겨울철 높은 가지 위에 감 몇 개 달린 감나무를 보고 "따기 힘들어서 그냥 둔 거냐?"고 물었다고 한다. "까치밥이라 해서 겨울새들을 위해 남겨 둔 것"이라는 설명을 듣고 탄성을 지르고 말았다. 이런 것이 바로 한국인 특유의 정서다. "한국인이 이런 국민이구나." 여사는 그때의 충격을 글로 옮겼다.

"한국인의 이런 정서는 오늘날 인류가 찾아야 할 인간의 원초적 마음이다. 한국은 보석 같은 고결한 나라다"라고 했다. 이런 것이 한국인의 정情이다. 외국어로 표현할 수 없는 말이 바로 이 한국인의 정이란 단어다.

1963년, 여사는 구한말부터 해방까지를 배경으로 〈살아있는 갈대〉를 출간한다. 이 책은 〈대지〉 이후 최대의 걸작이라는 찬사를 받으며 미국 문단에 파란을 일으킨다. 책의 서문에 여사는 한국을 '고결한 사람들이 사는 보석 같은 나라'라고 지칭했다.

펄 벅 여사의 말을 빌리지 않더라도 한국 국민은 고결하고 정직한 민족이다. 언론에선 각종 비리를 고발하는 기사가 보도되고는 있지만 그건 일부 부도덕한 사람들 이야기이다. 한국 국민은 대체로 정직하다. 얼마 전 나는 '한국인 얼마나 정직할 수 있는가?'라는 인터넷 글을 접한 일이 있다. 미국언론에서 한국인의 양심을 실험해 보는 프로그램이었다. 내용은 다음과 같다.

100개의 종이가방에 꽃과 함께 선물을 포장한 꾸러미를 각 지하철 노선에 배치하여 좌석 한쪽에 놓아두었다. 물론 선물 꾸러미에 GPS를 넣어, 어디로 사라지고 또 몇 개나 돌아오는지 알아보고자 하는 흥미로운 실험이었다.

실험은 시작되었다. 한참 후 선물 꾸러미의 GPS가 다른 곳으로 향하고 있는 모습들이 보였다. 열차 안에 그대로 남아있는 선물 꾸러미는 100개 중 6개뿐이었다. 실험한 외국 언론은 그러면 그렇지 하며 "한국도 별수 없구나."라고 깎아내렸다. 그리곤 나머지 94개를 GPS로 추적했다. 그랬더니 그중 81개가 유실물센터에 모여 있는 것이다. 놀라운 반전이다. 남의 물건을 탐내지 않고 주인을 찾아주라고 유실물센터에 자진해서 맡겼던 것이다. 해외에서는 상상도 할 수 없는 일들이 한국에서는 아무렇지 않게 일상적으로 일어나고 있다.

예부터 내려오는 동물도 사랑하고 보듬는 정이 넘치는 민족. 남의 물건을 거저 취하지 않는 정직한 성품. 바로 이런 것들이 한국을 세계 일등 국가로 만든 근원이다. 지금 세계는 놀랍게 성장하고 발달한 우리 문화 예술에 심취되고 있다. 정치 사회가 아무리 시끄러워도 나는 한국의 미래에 자부심과 긍지를 가진다.

복 주는 사람

반세기 전 이야기다. 대학 졸업을 앞에 둔 설날, 몇몇 학생들과 당시 모교 명예총장이던 백낙준 박사에게 세배하러 간 일이 있었다. 유행이 지난 낡고 좁은 넥타이를 단정히 맨 백 박사는 졸업을 앞둔 제자들의 세배를 받고 이런 덕담을 하셨다.

"자네들은 좋은 학교에서 공부도 많이 했고 복된 가정에서 자랐으니 이미 받을 복은 다 받은 셈이 아닌가. 이제부터는 남에게 복 많이 주는 훌륭한 사람들이 되게."

그 자리에는 다른 교수들도 있었다. 교수들도 한마디씩 덕담을 해 주었다. 많은 이야기가 오갔다. 그러나 유독 백 박사의 그

말만 내 머리에 남아 오랫동안 나를 긴장시키고 있었다. 감수성 예민한 젊은 나이 탓도 있겠지만 그 말은 가슴 깊이 스며들었다.

백 박사를 지근거리에서 뵌 것은 그때가 처음이자 마지막이었다. 단 한 번 뵙고 세배를 한 백 박사는 내 삶의 큰 교훈을 주었다. "그래. 남에게 복 주는 사람이 되려면 우선 내가 반듯해야 한다." 생각했었다.

대학 졸업 무렵 국내 산업은 아주 열악했었다. 직장 얻기도 어려웠던 시기였다. 첫 직장은 월간 주부생활 편집국이었다. 편집국은 시인 소설가들로 가득했었다. 당시는 국내 몇 안 되는 잡지사 중 하나다. 일도 재미있게 열심히 했었다.

편집 책임자가 되었을 때다. 박정희 대통령의 산업화가 박차를 가하던 시기로 억압 통치도 병행되었다. 대학 재학 중 '삼선개헌 반대 데모'로 체포되기도 했던 나는 겁도 없이 "아직도 어둠이"라는 시를 해가 뜨는 사진과 함께 잡지에 실으려 했다. 언론 검열이 있던 유신 후기다. 문제가 되었다. 우여곡절 끝에 직장을 떠나게 되었다. 첫 직장이자 마지막 직장이 된 셈이다.

초등학교도 입학하지 않은 어린 두 아들이 있는 결혼 초다. 먹고 살아야만 했다. 많은 친구가 염려해 주었다. 주변의 도움으로 조그만 특수 인쇄 회사를 설립했다. 다시는 글을 쓰지 않겠다고 다짐하면서 그저 열심히 일 해왔다. 인쇄물을 어깨에 지고 버스를 타고 납품하기 시작했다.

 돈 버는 일에 익숙지 않은 시인이 사업을 한다는 게 얼마나 어려운지 톡톡히 경험했다. 자본은 물론 모든 게 부족했다. 믿었던 사람들에게 속기도 했었다. 납품하고 받은 어음이 부도가 나 휴지로 변하던 일도 잦았다. 엎어지고 넘어지면서 왔다. 한 10여 년 그리 일하다 보니 자리가 잡히기 시작했다. 글도 다시 쓰기 시작했다.

 우리 경제를 돌이켜 본다. 반세기 전만 해도 먹고 사는 일만으로도 벅찼었다. 그러나 지금 우리는 세계 어느 나라보다 풍요를 누리는 경제 강국이 되었다. 그 시초는 박정희 대통령이다. 나 또한 삼선개헌 반대 데모로 나를 잡아가고, 유신 후기 퇴직하게 만든 박정희 대통령의 산업화에 편승해 잘 살아왔다.

 또 한 해가 간다. 그래도 태양은 매일매일 떠오른다. 세월은 속절없이 흐른다. 우리의 전통명절인 추석이나 해가 바뀌는 설날

이면 소리 없이 남에게 복을 나누어 주려는 사람들의 선행을 신문 기사로 접하게 된다. 불우한 이웃을 위해 이름도 밝히지 않은 채 거금을 내는 이들이 감동을 주고 있다. 달동네에 연탄을 넣어 주는 등 세상이 각박해도 선행은 이어진다.

얼마 전에는 기초생활 수급자가 세상을 하직하면서 "그간 남에게 도움만 받고 살아온 자신도 이제는 남에게 도움을 주고 싶다." 하며 생활비도 아끼며 모은 돈을 자기처럼 불우한 사람을 위해 써 달라며 남기고 떠났다고 한다. 돈의 액수를 떠나 얼마나 아름다운가. 그러고 보면 남에게 복을 주는 선행이나 자선 행위는 자신이 소유한 재산과 비례하지 않는다. 마음가짐이다.

세상이 각박해졌다. 반세기 전만 해도 이웃 간에 따뜻한 정情도 있었다. 가난해도 기품 있고 품위도 있었다. 나만 느끼는 현상인지 몰라도 요즘은 사랑도 겸손도 배려도 사라진듯하다. 이 설날 다시 한번 반성해 본다. 과연 나는 남에게 복을 주는 사람이었나?

일은 축복이다

마이크로소프트에 고용된 임시 청소부가 있었다. 그녀는 수백 명의 직원 중 가장 학력이 낮았다. 제일 고된 일을 하면서도 가장 적은 월급을 받는 사람이었다.

하지만 그녀만큼 행복하게 일하는 사람도 없었다. 그녀는 매 순간 기쁜 마음으로 일을 하며 항상 웃는 낯으로 사람들을 대했다. 누가 어떤 부탁을 하면 그것이 자기 일이 아니더라도 기꺼이 도와주었다. 열정적인 그녀의 모습은 다른 직원들에게도 영향을 주었다. 사람들은 그녀가 청소부라는 사실조차 개의치 않고 그녀를 좋아하게 되었다. 그런 사람들이 점점 늘어났다.

늦은 시간까지 야근하며 업무에 시달린다고 불평불만을 늘어놓는 직원들도 많았다. 그런데 정작 불평할 개연성이 가장 많은 그녀는 고된 일을 즐겁게 하는 것이다.

그녀의 이야기는 빌 게이츠의 귀에까지 들어갔다. 호기심이 생긴 빌 게이츠는 그녀를 불러 물어보았다.

"매일 그렇게 기쁘고 행복해하는 이유가 무엇입니까?"

그러자 그녀는 활짝 웃으며 말했다.

"이 일을 정말 좋아하기 때문이지요. 저는 아는 것도 없고 학력도 낮습니다. 하지만 회사는 그런 저에게 일할 기회를 주었고, 자식들을 대학에 보낼 수 있을 만큼 월급도 충분히 주었습니다. 얼마나 감사한지요. 제가 회사에 보답할 방법은 최선을 다해 열심히 일하는 것뿐입니다. 이런 생각을 하면 저절로 신이 납니다."

그녀의 열정적인 모습에 감동한 빌 게이츠는 청소 업무를 하고 남는 시간에 컴퓨터에 관련된 지식을 배워보지 않겠느냐고 제안했다. 그녀는 게이츠의 제안을 받아들였다. 그 또한 즐겁고 경쾌하게 열심히 했다. 얼마 후 그녀는 마이크로소프트의 정직원이 되었다.

자기에게 주어진 일이 무엇이든지 그것은 축복이다. 감사해야 할 대상이다. 생존에 필요한 기본적인 조건을 갖출 수 있게 해주기 때문이다. 기쁜 마음으로 즐겁게 열심히 해야 한다. 그런 자세는 그의 운명도 달라지게 할 것이다.

사회에 첫발을 딛는 청년들에게 말하고 싶다. 만일 첫 직장에서 좋은 사장을 만나고 급여도 많이 받게 된다면 행운으로 생각해야 한다. 감사해하며 일도 열심히 해야 한다. 혹 급여가 적고 사장도 좋지 않은 사람이라면 자신에 대한 단련의 기회로 삼고 더욱 열심히 해야 한다. 그런 자세는 자신을 성장시킬 것이다.

지금 일하는 직장이 마음에 들건 마음에 들지 않건 간에 그 직장에서 꼭 필요한 사람이 되어야 한다. 그런 사람은 회사를 옮겨도 다른 회사에서도 열심히 일하며 필요한 사람이 된다.

사람들은 자신이 하는 일에 쉽게 불평불만을 하는 경향이 있다. 너무 단순하다, 기술이 필요 없다, 장래성이 없다, 무미건조해서 재미가 없다, 일이 너무 많아 피곤하다는 등등.

불평불만을 달고 일을 하는 사람은 회사에서도 안다. 그런 사람은 회사를 옮겨도 마찬가지이다. 행운도 그의 곁에서 멀어질

뿐이다. 주어진 일이 무슨 일이든 감사해하며 즐겁게 열심히 할 때 축복도 따라서 온다.

사람들은 대체로 일하기를 싫어한다. 일을 고생스럽고 고단한 것으로 단정하려는 경향도 있다. 하지만 아무 일도 하지 않고 매일 할 일 없이 보낸다는 것이 얼마나 괴로운지는 당면해야 느낄 것이다.

무슨 일이든 사람은 일을 할 때 활력을 얻는다. 일을 사랑해야 한다. 일을 진심으로 사랑할 때 일은 노동이 아니다. 놀이이며 오락이 될 수도 있다. 일을 어쩔 수 없는 부담으로 생각하면 무거운 짐이 되어 나를 짓누를 것이다.

일하지 않고 사는 사람은 없다. 어차피 해야 하는 일이라면 즐겁게 해야 한다. 회사에서 비참하고 불쌍한 직원은 오로지 월급 받는 날만 생각하는 사람이다.

똑같은 일, 똑같은 직장이어도 어떤 마음가짐으로 대하느냐에 따라 천차만별이다. 사람의 기분은 환경이 아니라 마음먹기에 따라 달라진다. 현재 하는 일을 축복처럼 생각하며 즐겁게 할 때 행복도 얻는다.

인생을 누릴 줄 아는 사람은 어려운 상황에서도 기쁘고 긍정적인 마음을 잃지 않는다. 일도 마찬가지이다. 사소한 불평불만으로 일에 대한 열정을 잃지 말아야 한다. 짜증과 초조함으로 하루의 기분을 망치지 말아야 한다.

주어진 일에 감사해하며 열심히 할 때 행복의 문도 열린다.

빛나는 성벽

　소설 〈빛나는 성벽〉의 저자 델마 톰슨(Thelma Thomson)은 작가가 되기 전 군인이었던 남편을 따라 캘리포니아주 모하비 사막 훈련소로 가게 되었다. 남편과 가까이에 있고자 이사를 했지만, 사막은 모래바람으로 가득 찬 곳이었다. 그곳에서의 삶은 외롭고 고독하기만 했다.

　남편이 훈련 차 나가면 그녀는 오두막집에 혼자 남게 된다. 섭씨 45℃가 넘는 지독한 무더위 속에, 시도 때도 없이 모래바람이 불어닥쳐 입안에 모래알이 씹혔다. 음식을 해 놓으면 금방 쉬어 버렸다. 뱀과 도마뱀이 집 주위를 기어 다녔다.

이야기 상대라고는 고작 멕시코인과 원주민 인디언뿐이었다. 그러나 그도 영어로는 의사소통이 되지 않았다. 절로 신세 한탄이 나왔다. 슬프고 외롭고 억울한 생각이 들어 친정 부모님께 편지를 썼다.

"이런 곳에서는 더 견딜 수 없어요. 정말 지옥이에요. 당장 짐을 꾸려 집으로 돌아가겠어요. 이곳에 더 눌러사느니 차라리 감옥에 가는 편이 낫겠어요." 하며 자신의 형편을 호소했다.

그런데 당장 오라거나 자신을 위로해 줄 거라 기대했던 아버지의 답장은 단 두 문장뿐이었다.

"두 사나이가 감옥에서 조그만 창문을 통해 밖을 바라보았다. 한 사람은 밤하늘에 반짝이는 별을 헤아리며 자신의 미래를 꿈꾸며 살았고, 다른 한 사람은 감옥에 굴러다니는 먼지와 바퀴벌레를 세며 불평과 원망으로 살았다."

너무 간단한 편지 내용에 처음엔 아주 실망했었다. 그러나 이 이야기는 그녀의 삶을 바꾸어 놓았다. 편지를 몇 번이고 되풀이해서 읽던 그녀는 자신이 부끄러워졌다.

그녀는 꺼리던 원주민 인디언들과 친구가 되었다. 그들로부터 공예품 만드는 기술과 멍석 짜기도 배웠다. 원주민들이 보여 준 반응도 그녀를 놀라게 했다. 그들의 편물이라든가 도자기에 대해 흥미를 보이면, 여행자에게도 팔지 않던 소중한 것들을 선물하는 것이었다.

그녀는 사막의 식물들도 자세히 관찰하였다. 선인장, 난초, 여호수아 나무 등의 기묘한 모양을 연구했다. 사막의 낙조를 바라보며 아름다움에 감탄하며 행복해했다. 1백만 년 전 사막이 바다의 밑바닥이었을 법한 조개껍데기를 찾아보기도 했다.

그녀는 달라졌다. 모하비 사막은 변함이 없고 인디언도 달라진 것이 없다. 변한 것은, 바로 그녀 자신이었다. 그녀의 마음가짐이 달라진 것이다. 새롭게 발견한 세계에 자극을 받고 감격했다. 그녀는 그것을 소재로 〈빛나는 성벽〉이라는 소설을 쓴다. 단번에 베스트셀러 작가가 되었다.

유명 작가가 된 그녀는 이렇게 말했다. "무엇이 나를 변화시켰는가? 모하비 사막은 변하지 않았다. 내 생각이 변했다. 생각을 바꾸니 비참한 경험이 가장 흥미로운 인생으로 변할 수 있다는 것을 깨달았다." 그리고 이런 이야기도 했다.

서러워 마라. 세상은 어차피 혼자서 가는 것이다. 삶의 비탈길에 넘어져 울어도 손잡아 일으켜 주며 세워줄 사람은 아무도 없다. 세상에는 내 아픈 눈물 받아줄 가슴도 없고 내 슬픔 닦아줄 포근한 손길도 없다. 오로지 나 혼자 감수해야 할 나의 몫이다.

나를 위하여 누군가가 어깨를 내어줄 거라고 기대하지 마라. 길 위에 넘어진 나를 위하여 손을 내밀어 일으켜 줄 거라는 희망도 걸지 마라. 내가 힘들면 곁에 있던 절친한 친구도 떠나가는 세상이다. 옆에 있다가 불똥 튈까 봐 뒷모습도 보이지 않고 쏜살같이 달아나는 세상이다.

꽃이 활짝 필 땐 구름떼처럼 모여들던 사람들도 꽃이 지는 계절이면 아무리 예뻤던 꽃밭에도 한순간에 발길을 끊어 버린다. 그게 사람이고 그게 사람 사는 세상이다.

내가 잘 나갈 땐 인맥도 무성하게 피어나지만, 넘어지면 곁에 남아 부축해줄 사람은 아무도 없다. 힘든 모습을 남에게 보이지 마라. 말로는 위로할지 모르지만, 언젠가 흉이 되어 다시 나에게로 돌아온다.

혼자서 눈물을 한 바가지 쏟을지라도 그 누구도 원망하지도 말고 그 누구에게도 희망을 걸지 마라. 미래는 내가 개척하는 것이고 희망은 내가 나에게 거는 것이다. 나에게 실린 가혹한 삶의 무게는 나를 더 뜨겁게 사랑하라는 의미인 것을 혼자 울면서 발견하게 된다.

행복은 마음먹기에 달렸다. 어떤 상황이나 조건 때문에 행복하고 불행한 것이 아니다. 나의 마음가짐이 행복과 불행을 결정한다.

제 2 장

남과 다르게

부자와 가난한 자

사람들은 부유하게 살기를 원한다. 부자가 되고 싶어 한다. 나는 오래전에 미국의 경제학자 스티브스 볼드의 '부자들의 생각은 어떻게 다른가(How Rich People Think)'라는 글을 읽은 일이 있다. 한번 생각해볼 만한 내용이기에 메모해 두었었다. 요약 정리해 본다.

〈위대한 개츠비〉를 쓴 소설가 F. 스콧 피츠제럴드는 "부유하다는 것이 은행에 돈이 많다는 것처럼 단순한 사실이 아니다. 현실을 바라보는 관점과 여러 가지 태도의 집합이며 특정한 삶의 방식이다."라고 했다. 흔히 부자와 가난한 자는 돈이 있고 없고의 차이일 뿐이라고 생각한다. 하지만 부자와 가난한 자를 가르는 기준에서 돈은 미미한 요소일 뿐이다. 지금 당장 돈이 없어도 부자가 될 수 있는 사람이 있는가 하면, 돈이 많아도 곧 가난해질 사람이 있다.

스티브스 볼드는 어떤 사람이든 만나서 30분만 얘기해보면 그가 부자인지 아닌지, 지금은 부자가 아니더라도 앞으로 부자가 될 만한 사람인지 아닌지 알 수 있다고 한다. 부자와 가난한 자의 생각과 행동에는 몇 가지 차이가 있다고 한다. 로또 당첨자들이 일확천금하고도 얼마 못 가 다시 가난해지는 이유는 돈이 없어서가 아니다. 부자의 사고와 삶의 방식을 모르기 때문이다.

그는 부자와 가난한 자의 사고방식에는 큰 차이가 있다고 한다. 부자들의 대화는 성공에 초점을 맞춘다. 부자들은 만나면 아이디어와 정보를 교환하고 사업과 기부, 예술품 투자 등을 화제로 이야기한다. 반면 평범한 월급쟁이들은 엔터테인먼트에 집중한다. 연예인이나 스포츠, 시중에 떠도는 가십거리를 화제 삼아 시간을 보낸다고 한다.

TV 시청도 부자와 평범한 사람을 가르는 매우 중요한 기준이 된다고 본다. 〈돈으로 살 수 없는 것(What Money Can't Buy)〉이라는 책은 "사회 계층이 낮을수록 TV가 켜져 있을 확률이 높다."라고 지적한다.

미국의 계층별 특징을 연구한 〈계층 이동의 사다리〉라는 책에서도 대물림되는 가난의 특징 가운데 하나로 "TV가 상황에 무관하게 거의 항상 켜져 있다"라는 점을 지적한다. TV를 많이 보는 것은 단순히 시간을 많이 낭비하기 때문에 문제가 되는 것은 아니다. TV는 환경을 시끄럽게 하고 깊은 생각과 사색과 대화를 방해한다. TV가 항상 켜져 있는 집에서 진지하게 생각하거나 가족 간에 오순도순 대화하는 장면은 떠올리기 어렵다. "가난한 사람들은 잡음과 고함이 두드러진다."라고 하며 "상류층의 한 가지 표시는 고요함"이라고 지적했다. 한 마디로 "부자는 조용하고 빈자는 시끄럽다."라고 한다.

고요함과 소음의 차이만큼 두드러진 것이 깨끗함이다. 〈우리 가운데 사는 가난한 사람들(The Poor Who Live Among Us)〉이란 책은 "가난한 가족의 집으로 걸어 들어가 보라. 악취가 코를 찌르고 불결함이 눈을 괴롭힐 수도 있다"라고 지적한다.

가난하여서, 지저분한 지역에 살기에, 불결하게 된다고 결과론적으로 해석할 수도 있다. 하지만 지저분한 지역에 살아도 의지만 있으면 자신이 사는 집과 집 주변을 깨끗이 할 수 있다. 가난하지만 안에 들어가면 정리 정돈이 잘 돼 있어 정갈한 느낌이 드는 집이 있다. 한국의 옛 가난한 선비들을 생각할 때 연상되는 청빈이 있다. 청빈하면 돈이 없어도 부자가 될 수 있다. 부지런한 자는 깨끗하다. 지저분하다는 것은 게으름의 결과이다.

〈또 다른 미국〉이란 책은 가난한 사람에 대해 "저축하지 않으며 쾌락을 얻을 수 있으면 즉시 누린다."라고 지적했다. 흔히 "나는 돈을 많이 벌면 뭐도 사고 뭐도 할 거야."라고 말한다. 이런 사람 중에 부자 되는 사람은 없다. 부자들은 무엇을 사고 무엇을 하기 위해 돈을 벌지 않는다. 다시 말해 쓰기 위해 돈을 버는 것이 아니다. 부자들에게 돈이란 지금의 만족을 위해 써버리는 대상이 아니라 잘 투자하고 유지하고 늘려 필요한 훗날을 대비하는 대상이다.

부자로 살고 싶다면 우선 삶에 대한 태도와 생각을 바꾸어야 한다. 그리고 부지런해야 한다.

극복할 수 없는 '시련'은 없다

독일의 세계적인 수학자 카를 프리드리히 가우스(Carl Friedrich Gauss)는 초등학교 때 선생님이 낸 '1부터 100까지의 숫자를 모두 더하면?'이라는 문제를 '등차수열 합의 공식'으로 순식간에 풀어냈다는 에피소드가 있다. 그 원리를 최초로 고안한 것은 아니지만, 그 나이에 그것을 스스로 생각해냈다는 것은 대단한 일이다.

알기 쉽게 풀이하면 이렇다. 1에서 100까지 더하는 합을 다음과 같은 방법으로 구하는 것이다. 1+100은 101. 2+99도 101이다. 계속하면 50+51도 101. 그러면 101이 50개가 된다. 즉,

101x50= 5,050. 답은 5,050이다. 지금은 초등학생도 다 아는 답이다. 그러나 설명이 없는데도 곧바로 5,050이라고 대답한다는 것은 초등학생들에게 쉬운 일은 아니다.

1976년, 그가 19살에 독일 괴팅겐(Gottingen) 대학에 재학 중일 때 일이다. 저녁을 먹고 교수가 내준 수학 문제 3개를 풀기 시작했다. 두 문제는 2시간 안에 풀었다. 나머지 한 문제는 쉽게 풀리지 않았다. 문제는 다음과 같았다.

'눈금 없는 자와 컴퍼스만 사용하여 17각형을 그리시오.'

이 문제를 풀기 위하여 오랜 시간 진땀을 흘렸지만, 전혀 진도가 나가지 않았다. 그뿐만 아니라 자신이 알고 있는 그간의 수학 지식도 전혀 도움이 되지 않는다는 사실만 확인했을 뿐이다. 풀리지 않는 문제에 오기가 난 그는 자와 컴퍼스를 가지고 이리저리 머리를 굴리며 온갖 방법을 동원했다. 밤새워 씨름하다 아침 해가 뜰 무렵에야 겨우 문제를 풀었다. 안도의 한숨을 쉬었다.

학교에 간 그는 풀이 죽은 채 교수님에게 말했다. "교수님이 주신 세 번째 문제 푸느라 밤을 새웠어요."

교수는 과제를 보고 깜짝 놀라 떨리는 목소리로 물었다. "이걸 정말 네가 풀었다고?" "네, 그런데 이 한 문제 푸느라 밤을 새웠어요."

교수는 그에게 자와 컴퍼스를 주고 직접 17각형을 그려보라고 했다. 그는 자신이 문제를 푼 방식대로 17각형을 그렸다. 그 모습을 지켜보던 교수는 이렇게 말했다.

"이것은 2천 년 동안 아무도 풀지 못했던 문제라는 것을 아니? 아르키메데스나 아이작 뉴턴도 풀지 못했던 문제다. 네가 하룻밤 만에 풀었다니 믿기지 않는다. 너는 정말 천재다!"

사실 세 번째 문제는 교수가 보던 종이를 실수로 준 것이었다. 훗날 가우스는 당시를 회상하며 이렇게 말했다.

"그 문제가 2천 년 동안 아무도 풀지 못한 문제라는 사실을 알았더라면 저도 그 문제를 풀지 못했을 거예요."

2천 년 동안 풀지 못했던 문제를 하룻밤 만에 풀었다는 것은 그가 천재임은 분명하다. 그러나 그가 그 문제를 아르키메데스나 뉴턴도 풀지 못한 난제라는 사실을 알았다면 결과는 달라졌을 수도 있다. 지레 포기하고 말았을 수도 있었다. 그러나 그는 어려운 과제를 포기하지 않고 실패를 거듭하면서 문제를 풀 때까지 노력했기 때문에 해결한 것이다.

우리의 삶도 그렇다. 사는 동안 우리는 많은 시련과 직면한다. 시련을 극복하면서 성장하는 게 우리의 삶이다. 시련과 직면했을 때 그 시련을 딛고 일어서는 사람이 있는가 하면, 시련에 무릎을 꿇고 무너지는 사람이 있다. '내 힘으로는 해결할 수 없다.' 하며 지레 포기하기 때문이다.

고난에 직면했을 때, 그로 인하여 무너지는 것이 아니다. 극복할 수 없다고 생각하며 포기하기 때문에 무너진다. 고난은 절대 극복할 수 없는 것이 아니다. 용감하게 고난에 도전하는 사람만이 불가능을 극복하고 성공의 길로 갈 수 있는 것이다.

시련을 겪어보지 않은 사람은 큰 성공을 거두기 어렵다. 성공한 사람들의 경험담에서 그 사실을 확인할 수 있다. 그들은 좌절과 실패의 터널을 견디고 넘어서 얻은 성공이라는 점이다.

인생에 풍랑이 불어닥친다면 정면으로 응시해야 한다. 그리고 싸워 이겨야 한다. 삶에 의미를 느끼는 행복의 길이 될 것이다.

남과 다르게

아인슈타인은 초등학교 1학년 담임선생님으로부터 '이 학생은 앞으로 어떤 일을 해도 성공할 수 없을 것으로 판단됨'이라는 평가서를 받은 일이 있었다고 한다. 심지어는 다른 학생들에게 방해된다는 이유로 등교하지 말라는 권유를 받기도 했다고 한다.

그러나 그의 어머니는 이렇게 말했다고 한다. "걱정할 것 없어. 남과 같아지면 결코 남보다 나은 사람이 될 수 없단다. 너는 남과 다르므로 훌륭한 사람이 될 거야." 어머니는 그를 나무라거나 걱정하지 않았다. 남과 다르므로 훌륭한 사람이 될 것이라고 했다. 오히려 격려했다고 한다.

아인슈타인은 그 당시를 회상하며 이렇게 말했다. "나는 당시는 강한 지식욕을 가지고 있었다. 그런데 아무도 그것을 몰랐다." 실제로 그는 15살 때 이미 유클리드, 뉴턴, 스피노자의 작품을 독파했다고 한다. 아인슈타인은 주위의 평가보다 자신이 하고 싶은 일을 열심히 한 것이다. 그 결과 세계적인 과학자로 명성을 날리게 되었다.

화가 피카소도 마찬가지다. 초등학교 시절 피카소는 알파벳을 외우지 못할 정도로 저능아였다고 한다. 글자와 숫자 외우기 어려워했다고 한다. 10세 때 학교에서 퇴학당했다고 한다. 그러나 그런 아들의 모습에도 아버지는 "네가 군인이 된다면 반드시 장군이 될 것이다."라고 격려했다는 것이다. 피카소는 5살 때부터 그림을 그렸다. 아버지는 아들의 재능을 발견하고 후원을 아끼지 않았다. 그 결과 피카소는 세계적인 화가가 된 것이다.

아인슈타인이나 피카소가 우리나라에서 태어났었더라면 어찌 되었을까. 아마 저능아로 낙인되어 아무것도 제대로 못 하고 살았을 것이다. 왜냐하면, 대부분의 한국 부모가 개개인의 장점을 키우기보다는 남들이 가는 방향으로 똑같이 키우기에 여념이 없기 때문이다. 명문대학에 보내기 위해 열심히 공부시키고 밤늦도록 학원에 보내며 정신없이 자녀를 몰아친다.

아인슈타인이나 피카소는 유대인이다. 유대인은 인구 2천여 명 정도다. 그중 1천 명 정도가 우리나라 경상도만 한 작은 땅에 산다. 평균 IQ도 우리나라보다 12점이나 낮다. 그런데도 경제 사회 문화 모든 면에서 세계적으로 압도적 성과를 내고 있다. 모든 분야에서 노벨상도 휩쓴다.

머리보다 후천적 노력으로 성공을 만들어 낸 것이다. 큰 이유 중 하나는 교육에 있다고 본다. 그저 암기해 시험이나 잘 치는 주입식 교육이 아니다. 자유롭게 생각하고 남과 다르게 토론하는 교육이다. 유대인 격언 중 "자녀의 두뇌를 비교하지 말고 개성을 비교하라."라는 말이 있다. 그들은 자녀가 자신만의 재능을 발견하고 남과는 다르게 살 수 있도록 하는 데 있다.

전 세계에서 한국처럼 틀에 박힌 사고 속에서 교육하는 나라도 없을 것이다. 초반 20년은 좋은 대학에 들어가기 위해 분투한다. 부모들도 밤늦도록 학원을 보내며 다그친다. 그 후 10년은 좋은 직장에 들어가는 데 바친다. 그다음 일정도 비슷하다. 좋은 배우자 만나고 돈 버는 일이다. 자녀가 생기면 그 자녀의 삶도 비슷하게 다그친다.

우리나라에서는 전교에서 꼴등을 하거나 퇴학당하면 부모들은 인생이 끝난 줄 안다. 일류 대학을 나와 일류 기업에 취직하는 것이 지상 목표다. 하나의 틀에 국민 모두 맞추어 산다고 해도 과언이 아니다. 그렇게 획일적으로 성장한 아이들의 미래는 생각 없는 그만그만한 삶에 머물 수밖에 없다.

틀을 깨고 살면 별종으로 생각한다. 이상한 일을 하면 꾸중을 듣는다. 그러니 조심하게 되고 틀에 갇힌 사고를 하게 된다. 창의성은 파괴된다.

6.25 전쟁 후 대한민국은 누구나 다 가난했다. 그러나 그 가난을 딛고 일어선 사람의 성공담에는 공통점이 있다. 남과 다르게 생각하고 남과 다른 삶을 개척한 사람들이라는 점이다.

남들과 비슷하게 사는 것이 꼭 잘 사는 길은 아니다. 남을 따라 살기보다 남과 다르게 살아야 한다. 공부가 안된다고 포기할 필요도 없다. 자기만의 특기라든가 자신이 잘하고 좋아하는 일을 열심히 하는 게 잘사는 길이다. 그 길이 성공의 길이기도 하다.

꿈과 신념

51세에 뉴욕 주지사가 된 로저 롤스는 뉴욕 역사상 최초의 흑인 주지사였다. 그는 주정꾼, 마약범, 불법 이민자, 강도들이 들끓는 뉴욕의 한 빈민촌에서 태어났다. 이곳 아이들은 학교도 무단결석을 하고, 싸움질과 절도, 심지어는 마약 복용까지 서슴지 않았다. 그렇게 자란 아이들 대다수는 어른이 된 이후에도 사회에서 인정받는 직업을 거의 갖지 못했다. 로저 롤스도 어렸을 때 뉴욕 브루클린에 있는 로비타 초등학교의 흑인 문제 학생이었다. 어려서부터 아이들과 싸움질만 하고 무단결석도 많이 해서 선생님들도 골머리를 앓았다.

그러다 1961년 새 학기가 시작된 날, 피어 폴이란 선생님이 이 학교에 부임하면서 학생들은 물론 그에게도 큰 변화가 왔다. 이 학교에 오기 전부터 학생들의 악명을 이미 알고 있었던 폴 선생님은 이런 학생들을 그대로 놔두고 보는 선생님이 아니었다. 하지만 폴 선생님의 충고와 설득은 아무 효과가 없었다.

그러다 폴 선생님은 빈민가 아이들이 미신에 무척 집착하고 따른다는 사실을 알게 되었다. 어느 날 폴 선생님은 교실에 들어가 학생들에게 이렇게 말했다. "오늘은 수업하지 않고 너희들의 손금을 봐주겠다. 모두 두 손을 내밀고 자리에 조용히 앉아 있어라." 그리고 한 명씩 손금을 봐주기 시작했다. 잠시 후 폴 선생님에게 손금을 본 아이들은 하나같이 기쁨과 흥분을 감추지 못했다. 선생님은 모든 아이에게 커서 백만장자가 되거나, 높은 지위에 오를 것이라고 예언했기 때문이다.

맨 마지막으로 한 흑인 소년의 차례가 되었다. 그 아이는 어려서부터 누구도 자기에게 좋은 말을 해 준 적이 없던 터라, 속으로 선생님의 불길한 말이 나오면 어쩌나 불안에 떨고 있었다. 이윽고 폴 선생님이 긴장된 표정으로 떨고 있는 아이에게 다가가 조용히 말했다. "너의 손금을 봐줄게, 어디 보자. 난 손금을 아주 정확하게 본단다. 그리고 한 번도 틀린 적이 없어." 아이의 작은 손을 자세히 살펴보던 선생님은 진지하고 확신에 찬 목소리로 아이의 눈을 바라보며 말했다. "정말 굉장하구나. 넌 커서 뉴욕의 주지사가 되겠다." 아이는 자기 귀를 믿을 수가 없었다. 하지만 폴 선생님이 보는 손금은 한 번도 틀린 적이 없다고 하지 않았던가? 아이는 선생님의 말씀을 마음속 깊이 새겼다. 그 말은 믿음이 되고 꿈이 되고 신념이 되었다. "그래 나는 뉴욕 주지사가 될 것이다."

그날 이후 그는 다시는 할렘가의 쓰레기 더미 속에서 뒹굴지 않았다. 걸을 때도 당당하게 걸으며 뉴욕 주지사 신분에 걸맞은 행동을 하려고 노력했다. 다른 아이들도 손금을 본 후로는 서로 싸우거나 무단으로 결석하는 일이 없이 공부도 열심히 하여 좋은 대학에 진학하는 등 그들의 삶은 완전히 변해갔다. 그리고 그들 중 대부분이 정말로 부자가 되거나 운동선수로 성공하거나 높은 지위에 올랐다. 마지막으로 손금을 본 로더 롤스도 51세에 뉴욕의 주지사이자 역사상 최초의 흑인 주지사가 되었다.

그가 뉴욕 주지사에 당선된 후 취임식 날, 300여 명의 기자가 그를 에워싸고 물었다. "주지사가 된 비결이 무엇입니까?" "피어 폴 선생님 때문입니다." 그리고는 기자들에게 '피어 폴' 선생님에 관한 이야기를 해 주었다.

로저 롤스 주지사는 취임사에서 이렇게 말했다. "꿈을 갖는 데는 돈이 들지 않습니다. 설사 거짓말에서 비롯된 꿈일지라도 스스로 확신하고 끝까지 견지한다면 그 꿈은 반드시 이루어집니다."

이처럼 아이들에게 감동을 주는 어른의 말 한마디는 아이들의 운명을 결정한다. 그리고 그 꿈은 정말 이루어진다. 마음먹기에 따라 결과를 만들 수 있다. 삶은 자신이 바라고 믿는 대로 이루어진다. 이런 것이 신념이다.

미래에 이루고 싶은 것이 있으면 우선 그것을 이룰 수 있다 믿어야 한다. 그러면 자연 그런 방향으로 삶의 행로도 흘러간다. 생각과 말이 내 삶을 결정한다는 말이다. 자라는 아이들에게 꿈을 심어 주라. 꿈을 이루려는 신념은 성공으로 안내할 것이다.

새로 시작하자

하버드대 성공학 명강의 모음집을 다룬 〈인생은 지름길이 없다〉라는 책에 이런 이야기가 있다.

미국 뉴저지주의 작은 마을에 있는 중학교에 문제아만 모아 놓은 학급이 있었다. 그 반에는 마약에 손을 댔던 학생, 교도소를 제집 드나들던 학생, 낙태를 세 번씩이나 했던 학생 등 부모조차 손을 든 학생들이 모여 있다.

어느 날 젊고 아름다운 페일리 선생이 그들의 새로운 담임선생으로 왔다. 새 학기가 시작된 첫날, 다른 선생님처럼 권위를 내세우거나 훈계하지 않았다. 그녀는 부드러운 목소리로 이런 이야기를 했다.

"지금 소개하는 세 사람의 청년 시절 이야기입니다. 그중 한 사람만이 사람들의 존경을 받고 나머지 둘은 아니에요. 이들이 성장하여 어떤 인생을 살았는지 추측해 보세요.

첫 번째 사람은 미신을 열광하고, 두 명의 정부를 가졌던 사람입니다. 술과 담배를 무척 좋아했어요.

두 번째 사람은 회사에서 두 번이나 쫓겨난 경험이 있는 인물입니다. 매일 오후까지 잠을 자고 밤마다 술에 취해 살았습니다. 마약을 복용했던 기록도 남아있지요.

세 번째 사람은 예술을 무척 좋아했던 전쟁 영웅입니다. 채식주의자였고 술은 가끔 즐기는 정도이며 젊었을 때 한 번도 법을 어겨 본 적이 없다고 합니다.

이 세 명 중 여러분이 원하는 인생은 무엇인가요?"

학생들은 세 명의 인물 중 세 번째 사람에게 가장 많은 표를 주었다. 첫 번째, 두 번째 사람은 범죄자나 사회 낙오자가 될 것 같다는 의견이 많았다. 세 번째 사람은 위대한 인물까지는 아니더라도 필요한 인재가 될 것 같다고 했다.

하지만 페일리 선생님의 답에 아이들은 깜짝 놀랐다.

"여러분이 내린 결론은 아마 보편적인 사람들의 판단과 일치할 거예요. 하지만 이번에는 예외예요. 세 사람은 모두 세계적으로 유명한 인물이에요. 첫 번째 사람은 자신의 장애와 맞서 싸운 프랭클린 루스벨트(Franklin Roosevelt) 대통령이에요. 미국의 4대 대통령이지요. 두 번째는 영국 최초의 수상 윈스턴 처칠(Winston Churchill)이고, 세 번째 사람은 무고한 수만 명의 목숨을 앗아 간 독일 나치당의 당수 아돌프 히틀러(Adolf Hitler)랍니다."

학생들은 조용히 선생님의 말씀에 귀를 기울였다.

"여러분의 인생은 이제 막 시작되었어요. 지난날의 잘못은 과거일 뿐, 그것이 여러분 인생의 전부라고는 말할 수 없어요. 진짜 인생은 지금 순간과 미래에 어떻게 하느냐에 따라 달라질 거예요. 지금부터 자신의 꿈을 위해 최선을 다하고 목적지를 향해 숨이 찰 때까지 달려 보세요. 현재와 미래는 바로 여러분의 손에 달려 있으니까요."

페일리 선생님의 말씀은 문제아로 낙인찍혔던 26명의 운명을 바꿔 놓았다. 선생님의 말씀을 가슴에 새긴 아이들은 자라서 의사, 판사, 파일럿 등 여러 분야에서 자신의 꿈을 이루었다. 그 반에서 가장 말썽을 피웠던 로버트 해리슨은 훗날 월가의 펀드매니저가 되어 과거를 이렇게 회상했다.

"당시 우리는 남들처럼 자신의 삶을 운명에 맡겨 버렸어요. 하지만 페일리 선생님은 달랐어요. 선생님은 항상 '과거는 중요하지 않다. 현재와 미래에 충실해라.'라고 말씀하셨습니다."

그렇다. 사람들은 과거 자기 잘못에 매여 자포자기하며 현재와 미래의 삶을 포기하는 경우를 종종 본다. 사실 인생은 마음먹기에 따라 얼마든지 달라질 수 있다. 개인의 능력과 꿈과 희망은 다른 사람에게 지배당할 수 없다. 자신의 마음 먹기, 결심 여하에 따라 얼마든지 다른 운명을 만들 수 있다.

내게 일어난 모든 일은 그 원인도 나에게 있다. 남의 탓으로 원망하는 태도도 적절치 못하다. 부정적인 생각만을 만들어 낸다. 시련이 닥쳤을 때, 자책하며 운명을 탓하지도 말자. 삶에서 일어나는 모든 일은 내 마음먹기에 달려 있다. 자. 이제 새로 시작하자. 시작하는 그곳에 길이 있다.

카프만 부인의 〈광야의 샘〉

　세계 곳곳이 불경기로 신음하고 있다. 물가는 뛰고 경기는 예측할 수 없는 지경이 되었다. 우리 경제도 어렵다. 삶도 팍팍해졌다. 주변엔 어렵고 힘들어진 사람들이 많다. 시련이 닥친 것이다. 이 시련은 극복하고 넘어야 할 험준한 산임은 분명하다. 이 시련을 어찌 넘어야 하나. 카프만 부인의 저서 〈광야의 샘〉에서 나오는 누에고치 이야기를 생각해 본다.
　"나는 누에고치를 관찰하고 있었다. 마침, 여러 마리의 누에고치가 나비로 탈바꿈하는 중이었다. 바늘구멍만 한 틈새로 몸 전체를 비집고 나오려고 한나절 버둥거리고 있었다. 너무도 작은 구멍으로 나오려고 애쓰는 모습을 보면서 나는 불가능하다고 생각하고 있었다. 그런데 한 마리 두 마리 작은 구멍에서 무진 애를 쓰더니 결국 빠져나와 공중으로 훨훨 날아오르는 게 아닌가.

나는 마침 또 나오려고 애쓰는 나비를 발견하고 가위로 그 구멍을 넓게 잘라 주었다. 그러면서 내가 하느님보다 더 자비롭다고 자족하면서 혼자 웃었다. 내가 넓게 열어준 구멍으로 나비는 쉽게 나왔다. 그런데 문제가 생겼다. 넓게 열어준 구멍으로 나온 나비는 이상하게도 공중으로 솟아오르려고 몇 번 시도하다가 오르지 못하고 땅바닥에서만 맴돌 뿐이었다.

그때 나는 깨달았다. 나비가 작은 틈새로 나오려고 애쓰는 시련을 거치면서 날개에 힘이 길러지고 물기도 알맞게 말라 날 수 있다는 사실이다. 작은 구멍에서 고통을 이기고 나와야 몸의 영양분이 날개 끝까지 공급되고 작은 구멍을 나올 때 날개가 심하게 마찰하며 날아오를 만큼 강건해진다는 것이다.

고치 안에 있을 때 나비의 모든 영양분은 어깨에 쌓여 있다는 것이다. 이 어깨에 있던 영양분은 좁은 구멍으로 나올 때 에너지가 점점 온몸으로 퍼진다. 특히 날개 쪽으로 퍼져서 날개에 힘이 생긴다는 것이다. 그런 연유로 좁은 구멍으로 나올 때 시련을 겪은 나비는 날개에 힘이 생긴다. 반면 넓은 구멍으로 쉽게 나온 나비는 영양분이 어깨에 그대로 남아있어 어깨를 으쓱거리기는 하지만 정작 날아야 할 날개 쪽에는 전혀 힘이 가지 않아 날지 못한다는 사실이다."

이 이야기는 살아 있는 모든 동물에게 해당하는 말이다. 시련이 클수록 그것을 극복하려는 의지도 강해지는 법이다. 인간도 마찬가지다. 시련이 클수록 그를 이기려는 힘도 커지는 법이다. 가난이 일상을 지배하던 반세기 전 헝그리 정신(the spirit of hunger)라는 말이 있었다. 세계적 프로 복싱 선수 홍수환을 떠올리게 하는 말이다. 가난을 극복하는 유일한 길이라며 죽을 각오로 운동에 전념하며 세계 정상에 우뚝 선 선수 아닌가. 시장에서 생선을 팔며 아들의 성공을 비는 어머니. 그런 어머니를 위해 죽어라고 공부하면서 성공을 이룬 자녀들도 본보기이다.

우리는 가끔 언론을 통해 부유하게 태어난 재벌 자녀들이 마약 복용 등 일탈한 행동을 보이는 기사를 접할 때가 있다. 지나치게 편안한 삶이 준 무력함의 결과다. 마치 넓은 구멍으로 쉽게 나온 나비처럼 말이다. 사람들은 누구나 편안한 삶을 살기를 원한다. 그러나 고통 없이 기쁨만 있다면 인간 내면은 성숙할 수 없다는 게 내 생각이다.

지금 우리 사회는 눈앞에 닥친 시련으로 힘들어하는 사람이 아주 많다. 그러나 이 시련을 극복하기 위해 좁은 구멍으로 버둥거리며 나오려는 나비처럼 고난을 극복하려 노력해야 한다. 난관을 헤쳐 가는 과정에서 생존의 힘을 기를 수 있는 지혜도 얻게 된다. 그러다 보면 새로운 힘도 생겨 다시 훨훨 날 수 있다. 아무리 힘들고 어려워도 자신의 힘으로 일어설 때 행복도 누릴 수 있다. 지금 닥친 역경을 삶의 양념처럼 생각하며 극복해야 한다. 그런 게 삶이다.

서양 속담에 "흐르는 냇물에서 돌을 치워 버리면 그 냇물은 노래를 잃는다."라는 말이 있다. 지금의 시련을 흐르는 냇물을 가로막은 돌쯤으로 생각하자. 그 돌을 어루만지며 유연하게 흐를 때 우리의 삶도 아름다워질 것이다.

운運은 있는가

지금 서점가는 일본 전직 변호사 니시나카 쓰토무의 〈운을 읽는 변호사〉가 대세다. 50여 년 재임 중 1만 명이 넘는 의뢰인들의 소송을 처리하면서 느낀 '운 좋은 삶'을 이야기하고 있다. 운은 정말 있는가. 사주팔자에 타고나는 것일까. 운 좋은 사람과 운 나쁜 사람, 무엇이 그들의 운을 좌우하는가. 살면서 늘 운이 따른다는 사람이 있는가 하면 기회마다 운이 없다는 사람이 있다. 저자는 몇 번이나 똑같은 곤경에 빠져 자신을 찾아오는 '운이 나쁜 사람'이 있는가 하면, 하는 일마다 승승장구하며 행복한 인생을 사는 '운이 좋은 사람'이 있다고 한다. 여기서 저자는 공통점을 보았다고 한다. 그리곤 운을 좋아지게 하는 법이 있다고 확신한다. '운은 타고 나는 신비의 영역이 아니라 자신이 만들어 가는 것'이라고 한다.

  세상에는 확실히 운 좋은 사람과 나쁜 사람이 있다. 우선 악행으로 얻은 성공은 오래가지 못한다. 사업에 실패하여 변호사에게 상담하러 오는 사람들 대부분은 얼마 전만 해도 성공한 사람이다. 잔머리를 굴려 돈을 잔뜩 벌거나 출세했어도 그 성공은 오래가지 못한다. 얼마 지나지 않아 실패하여 궁지에 몰리는 경우가 많다. 악행은 반드시 신神이 벌을 내린다. 악행으로 얻은 성공은 순간이다.

  다퉈서 좋은 일은 없다. 다툼은 상대방의 원한을 사, 운을 나쁘게 한다. 상속 혹은 이혼 문제로 재판의 힘을 빌리려는 사람, 교활한 방법으로 법망의 틈새를 노려 성공한 사람. 그런데 신기하게도 재판에서 이긴 후에 불행해지는 사람이 많다고 한다. 승소한 후에 회사가 도산하거나, 부도 어음을 받거나, 경영자가 교통사고를 당하는 등의 예를 수없이 보아 왔다고 한다. 분명 원한을 샀기 때문에 운이 달아난 것이다. 다툼 중에서도 상속 분쟁은 불운의 서막이다. 나만 잘되길 바라면 운도 돌아선다.

특히 성공한 사람의 이야기 속에서 '운의 진정한 이치'를 깨달았다고 한다. 운을 과학적 근거로 규정지을 수는 없다. 하지만 법률상의 죄가 아닌 도덕 문제가 운에 미치는 영향은 결코 부인할 수 없다고 한다.

그는 "원한을 사지 마라. 원망을 들으면 저승에서도 너를 끌어내리려고 호시탐탐 노릴 거야."라는 옛 어른들의 가르침도 이야기한다. 운 좋은 사람과 운 나쁜 사람, 무엇이 그들의 운을 좌우하는가. 좋은 운은 겸손하고 은혜를 잊지 않는 마음에서 온다고 한다.

살아 있는 자체가 큰 행운이다. 살아 있음의 행운을 실감하고 경이와 감사의 마음을 가지는 것이 지금의 행운을 지키고 더 좋은 운을 부르는 비결이다. 지금 나는 누군가의 희생 덕분에 잘 살고 있다. 밤새 쌓인 눈도 누군가 말끔히 치워 주었기에 출근길도 가볍지 않은가. 감사해야 한다. 겸손해야 한다. 좀처럼 실행하기는 어려운 일이다. 세상과 사람들 앞에 겸손하고 감사하는 마음, 은혜를 잊지 않는 마음이 좋은 운을 부른다. 부부끼리 감사해하면 그 집은 잘되기 마련이다. 어머니의 은혜에 감사하는 마음을 가지기만 해도 운은 따른다.

대화의 태도에 따라 운도 좌우된다. 부부간은 물론 일상의 대화에서도 앵무새처럼 상대의 말을 따라 해주고 그대로 돌려주는 것이 중요하다. 그런 대화가 상대와 친밀한 관계를 만드는 비결이다. 상대가 "마침 비가 와서 말이야."라고 말하면, 이쪽도 "비가 왔어."라고 대답한다. "곤란하네."라고 말하면 "그러게 말이야."라고 대답하는 것이다. 마치 공을 받으면 다시 공을 그대로 던지는 야구의 캐치볼과 같다. 공이 몇 번이나 똑같이 왔다 갔다 하는 것 같지만, 그 위력은 대단히 크다. 만약 저쪽에서 공을 던졌는데 방망이를 던진다면 어떻게 될까? 싸움이 일어날 것이다. 공을 받으면 다시 공을 던지는 것이 바로 다툼 없이 화합하고 행운으로 연결되는 교류 비결이다.

인간성 좋은 사람은 남과 다투지도 않는다. 다툼이 일어나면 양보하고 만다. 처음엔 손해 보는 것 같지만 나중엔 성공한다. 말재간 좋은 유능한 사람이 앞서가는 듯하다. 그러나 보라. 유능한 사람보다 믿을 수 있는 사람이 더 신뢰받지 않는가. 그런 사람에게 운도 따른다. 저자의 말에 몇 마디 더 보탠다.

유혹의 함정

　오래전 아메리카 인디언들은 곰을 잡을 때 아주 특별한 방법을 사용했다고 한다. 곰이 좋아하는 꿀을 커다란 바위에 바른 후 나무에 매달아 놓는다는 것이다. 꿀을 좋아하는 곰은 꿀 향기에 취해 바위에 발라 논 꿀을 먹으려 바위를 덥석 잡으면 바위는 미끄러지며 뒤로 밀려나고 만다. 밀려났던 바위는 그 반동으로 곰을 치게 된다고 한다. 바위에 맞은 곰은 화가 나 바위를 다시 세차게 친다고 한다. 바위는 더 멀리 밀려나고 반동은 더 커져 더 세게 곰을 친다는 것이다. 그러면 곰은 더 세게 바위를 치고 바위는 더 세차게 곰을 친다는 것이다. 곰과 바위는 계속 치고받다가 결국 곰은 쓰러지고 사람들은 쓰러진 곰을 묶어 오기만 하면 된다는 것이다.

이와 비슷한 이야기가 알래스카의 에스키모인들에게도 전해 오고 있다. 옛 에스키모인들의 늑대 사냥이다.

알래스카에서 먹이 사슬의 최상위 종은 늑대이다. 그런데 이런 늑대에게도 굶주림의 시기가 있다고 한다. 늑대의 먹이가 되는 동물들이 먹이를 찾아 서식지를 떠나고 남은 짐승들도 추위를 피해 동면하는 시기가 바로 늑대들이 굶주림에 허덕이는 시기라는 것이다. 먹잇감이 없는 이 시기에 늑대들은 굶주림으로 이성을 잃고 만다. 이때 에스키모인들은 그들만의 독특한 방식으로 늑대 사냥을 한다고 한다.

날카로운 창에 짐승의 피를 발라 얼린 다음, 늑대들이 지나가는 길에 세워 놓으면 배고픈 늑대들이 피 냄새를 맡고 몰려온다는 것이다. 늑대들은 창에 바른 달콤한 피 맛에 창을 핥는다고 한다. 혀가 창에 찢어져도 피 냄새에 정신이 팔려 자신의 혀 상태를 모른 채 피 핥는 일에 몰두한다는 것이다. 찢어진 혀에서 자기 피가 계속해서 쏟아져 나오고 늑대는 그 피가 자기 피인지도 모른 채 달콤하게 핥다가 죽음에 이른다고 한다. 에스키모인들은 죽은 늑대를 묶어 오기만 하면 된다는 것이다.

이 이야기가 달콤한 맛에 유혹되어 미련스럽게 달려들다가 자신을 망치는 인간들에게 경종을 주기 위해 우화처럼 전해 내려오는 이야기인지, 실제 그리했는지는 나도 잘 모른다. 그러나 분명한 것은 아메리카 인디언이나 알래스카 에스키모인이나 그저 달콤한 유혹에 빠져 자신을 파멸시키는 인간들에게 들려주는 이야기임은 틀림없다.

주변에서 누군가에게 사기를 당했다고 하소연하는 사람들을 가끔 본다. 이야기를 듣다 보면 대개 알래스카 늑대나 아메리카 인디언 곰처럼 사기꾼이 던진 달콤한 미끼에 욕심을 낸 탓이 원인이다. 거저 취할 수 있을 것 같은 달콤한 미끼의 유혹에 앞뒤 생각하지 않고 달려들다가 낭패를 보는 것이다.

내게도 그런 유혹들이 간간이 있었다. 어떤 일을 제시하며 "투자하면 큰돈을 벌 수 있다." 하며 투자해 보라는 것이다. 내 대답은 간단했다. "그렇게 좋은 거면 네가 하지 왜 나보고 하라느냐?"라는 것이다.

세상에 일확천금은 없다. 남의 주머니에 손을 넣어 보아라. 누구나 놀라 손을 막을 것이다. 무슨 일이든 열심히 해야 보수도 있다. 세상에 공짜도 없다. 남의 돈을 거저 내 주머니에 넣을 수도 없다.

살아가면서 미국흑곰처럼 행동한 일은 없었는지 생각해 보라. 조그만 이익에 눈이 어두워, 돌에 맞은 것에 화가 나, 곰처럼 사생결단을 내듯 싸운 일은 없었는지 생각해 보라. 그런 것들이 자신을 파멸로 이끌고 있다. 작은 일에 분노하며 분을 삭이지 못해 복수의 칼날을 상대에 휘두르다 그 반동이 자신을 죽이고 있다는 것을 미국흑곰처럼 모르는 사람들이 많다.

달콤한 꿀맛에 무모하게 달려드는 아메리카의 곰이나, 달콤한 피 맛에 달려드는 알래스카의 늑대나, 달콤한 유혹에 현혹되어 이성을 잃는 사람이나, 모두 피장파장이다. 성실하게 자기에게 주어진 일에 최선을 다하며 열심히 사는 것만이 자신을 승화시키는 길이다. 세상에 일확천금은 없다. 공짜도 없다. 그런 걸 취하려 하면 감옥 갈 준비를 해야 한다.

인생은 아프다

어느 시인이 "아프니까 청춘이다."라고 말했다. 청춘이라 아픈 게 아니다. 인생 자체가 아프다. 뜻대로 안 되는 게 인생이다.

아프리카 기린은 선 채로 새끼를 낳는다고 한다. 그런 연유로 새끼 기린은 수직으로 곧장 떨어져 온몸이 땅바닥에 내동댕이쳐진다는 것이다. 그 때문에 새끼 기린은 태어나면서부터 일격을 당하는 것이다. 새끼 기린에게 엄마 기린의 키는 하늘 높이만큼 크게 보인다. 충격으로 잠시 멍해 있다가 간신히 정신을 차리는 순간, 엄마 기린은 그 긴 다리로 새끼 기린을 세게 걷어찬다고 한다.

새끼 기린은 이해할 수 없다. 이제 막 세상에 태어났고, 이미 땅바닥에 세게 부딪쳤는데 사정없이 또다시 걷어차이다니 도대체 이해될 리가 없다. 아픔을 견디며 다시 정신을 차리려 하는데, 엄마 기린이 처음보다 더 아프게 또 새끼 기린을 걷어차는 것이다.

비명을 지르며 고꾸라진 새끼 기린은 이 상황을 이해할 수 없어 머리를 흔들어본다. 그러다가 문득 깨닫는다. 이대로 움직이지 않고 가만히 있다가는 계속 걷어차일 것이라고 느끼게 된다. 새끼 기린은 가늘고 긴 다리를 비틀거리며 기우뚱 일어서서 움직이기 시작한다.

바로 그때 엄마 기린이 한 번 더 엉덩이를 세게 걷어찬다. 충격으로 자빠졌다가 벌떡 일어난 새끼기린은 달리기 시작한다. 그렇지 않으면 계속 발길질을 당할 것을 스스로 깨쳤기 때문이다.

그제야 엄마 기린이 달려와 새끼 기린을 핥아 주며 사랑으로 보듬기 시작한다. 엄마 기린은 새끼 기린이 자기 힘으로 달리지 않으면 즉시 하이에나와 사자들의 먹잇감이 된다는 사실을 알고 있기 때문이다. 그래서 엄마 기린은 일어서서 달리며 생존하는 법을 빨리 배우라고 새끼기린을 걷어차는 것이다.

　우리의 삶도 인생도 마찬가지다. 사는 동안 삶의 주변에서 엄마 기린이 새끼 기린을 걷어차듯 발길질 같은 일이 수시로 생긴다. 그때마다 우리는 고꾸라질 수밖에 없다. 하지만 비틀거리며 다시 일어나야 한다. 또다시 걷어차이며 쓰러지기를 반복한다. 온전해질 때까지 반복해야 한다. 쓰러지는 즉시 일어나 뛰어야 생존할 수 있다. 이것이 이 거친 세상에서 우리가 살아가는 길이고 성장하는 방법이다.

　인간이 태어나 성장하고 삶을 누리다가 죽음에 이르는 한 생애를 보자. 능력이나 환경에 따라 다소간의 차이는 있을지라도 삶의 과정은 대체로 비슷하다.

　지구상의 모든 동물에게는 종족 번식의 본능이 있다. 인간도 동물인지라 그 범주를 벗어나지 않는다. 태어나 부모의 보살핌으로 성장한다. 머리가 커지면서 이성에 대한 호기심과 미래 삶에 대한 우려로 고뇌한다. 사랑에 울고 웃고 고뇌한다. 청춘이다. 삶이 아프다고 느낀다. 그래도 청춘은 아름답다. 이성과 사랑하며 결혼한다. 자신의 아기를 가진다. 부모 세대처럼 또 한

가정을 이룬다. 그렇게 되기까지 부모 세대는 험난한 세상에서 끝없이 닥치는 난관을 헤치며 눈물겹게 살아왔다.

그런 자식에게 손자까지 본 부모는 느지막이 행복을 느끼며 잘 자라준 자식이 자랑스럽기도 할 것이다. 그런데 정작 자신은 죽음 앞에 서 있는 것이다. 그리곤 죽는다. 살아남은 후손은 부모 세대처럼 같은 길을 반복한다.

다람쥐 쳇바퀴 돌 듯 지구상에 존재하는 모든 동물의 삶도 대동소이하다. 자신의 분신이 잘 살기 위해 모든 역량을 쏟아붓고 자신은 사라진다. 그런 순환이 인류를 포함해 지구상에 존재하는 모든 동물이 번성하고 종족을 유지하는 방법이다.

순환선이다. 그러기 위해 먹고 살아야 한다. 그러나 이 단순한 일은 또 얼마나 힘든가. 지구상 모든 동물은 먹이를 구하는 일을 열심히 한다. 잘 먹고 잘 살아 보려 열심히 움직인다. 그런 노력에도 삶은 순탄하지 못하다. 태어나자마자 어미의 발길질에 내달리는 기린처럼 곳곳에서 위기를 맞는다.

그냥 먹고 잘 산다는 단순한 이 일이 힘들다. 아프리카 동물 세계나 인간들의 삶이나 별반 다를 게 없다. 달려야 한다. 낙오되면 죽는다.

꽃도 혹한의 겨울을 거쳐야만 핀다. 인생도 마찬가지다. 혹한을 거친 뒤에야 피는 법이다. 태어나자마자 엄마 기린에게 걷어차이면서 바로 서는 새끼 기린처럼, 긴 겨울 혹독한 추위를 견디며 넘긴 개나리나 진달래가 화려하게 꽃을 피우는 것처럼, 우리 삶도 시련을 넘어야 바로 설 수 있다. 그 시련이 아프다.

그래서 말한다. 청춘이라 아픈 게 아니다. 인생 자체가 아프다. 때때로 인생이 엄마 기린처럼 우리를 세게 걷어차 고꾸라질지라도 비틀거리며 다시 일어나야만 하다. 쓰러지는 즉시 일어나 뛰어야 생존할 수 있다. 그런 것이 거친 세상에서 나와 내 가족을 지키는 길이다. 그러다 죽음 앞에 서 있다고 해도 슬퍼하거나 후회하지도 마라. 수억 년의 인류 역사가 그렇게 흘러왔다. 산다는 게 별거 아니다.

작은 습관의 기적

톨스토이가 죽은 뒤 그의 방을 정리하던 사람들이 방안에 빼곡하게 쌓여 있는 실패작에 놀랐다는 일화가 있다. 모차르트도 평생 600여 편을 작곡했지만, 대부분 작품성이 없다는 이유로 당대에 외면받아 빛을 보지 못했다고 한다. 이렇듯 심혈을 기울여 만든 예술품의 90% 이상이 졸작으로 사장된 것이다. 그중 1~10% 정도가 살아남아 위대한 인물로 기억하게 만든 셈이다.

또 한 해가 갔다. 2025년 을사(乙巳)년 새로운 태양이 떠올랐다. 간지로 보면 '뱀의 해'다. 우리나라에서는 매년 그해에 해당하는 12지신 동물의 특징과 의미를 연관 지어 새해의 기운을 점치기도 했다. 전통적으로 뱀은 다산과 풍요, 재물을 상징하는 동물로 여겨 왔다. 또한 지혜롭고 영리한 동물로 알려져 있다.

  살면서 우리는 어떤 일에 실패했던 경험이 있을 것이다. 지난해 어찌 지냈는가 생각해 보면 반성할 일도 많을 것이다. 그러나 마음먹기에 따라 새 장을 열 수 있다.

  장기적으로 볼 때 인생은 대개 자신의 작은 습관으로 결정된다고 보면 틀림없다. '천 리 길도 한 걸음부터'라는 속담도 있다. 크게 성공한 사람들 대부분은 자기 일을 꾸준히 습관적으로 해 온 사람들이다.

  삶에서 습관은 아주 중요하다. 성공적인 삶을 사느냐, 실패한 삶을 사느냐 하는 것도 아주 사소한 습관에서부터 시작되고 결정된다. 습관적으로 놀음이나 투기를 즐기는 사람과, 매일 조금씩이나마 책을 읽거나 새로운 것을 배우는 사람과는 10년이나 20년이 지난 후엔 엄청난 차이가 있을 것이다. 좋은 습관은 오랜 시간이 지나면 기적처럼 좋은 결과를 만든다.

  부자가 되고 싶다면 어찌해야 할까. 아무리 백만장자라도 매달 버는 것보다 쓰는 게 더 많다면 파산의 길로 가는 셈이다. 비록 지금은 가난해도 조금씩 저축하는 습관을 지니고 있다면 경제적 자립의 길 위에 서 있는 셈이다.

시인이나 작가가 되고 싶다면 어찌해야 할까. 우선 책을 읽고 글을 쓰는 습관부터 길러야 한다. 일기 쓰기도 좋다. 하루에 일어난 일을 계속해서 쓰다 보면 오랜 시간이 지난 후, 글쓰기에 자신이 생길 것이다.

건강한 삶을 누리고 싶다면 어찌해야 할까. 간단하다. 매일 조금씩이라도 운동하는 습관을 길러야 한다. 아파트 계단 오르기를 한다든가, 집 주변이라도 1만 보 걷기를 채우고 귀가한다든가 하는 일을 습관적으로 계속하다 보면 그게 쌓여 어느 사이에 건강해지고 있다는 걸 느낄 것이다. 외출할 때도 습관적으로 지하철 이용하는 방법도 좋다. 두세 노선만 갈아타면 걷는 횟수가 1만 보에 육박한다.

우리는 흔히 무슨 대단한 행위가 있어야 성공할 수 있다고 착각하기 쉽다. 어떤 목표를 이루려면 어마어마한 개선이 필요하다고 생각할 수도 있다. 그러니 작은 습관이 만든 작은 성장은 눈에 띄지 않을 것이다.

그러나 이 작은 차이는 시간이 흐르면서 믿을 수 없을 만큼 큰 차이로 나타난다. 처음에는 작은 성과일지라도 나중에는 엄청난 결과로 나타날 것이다.

지금 당장 돈을 아낀다고 백만장자가 되지는 않는다. 며칠 헬스클럽에 간다고 멋진 몸이 만들어지지도 않는다. 한두 달 영어 공부를 한다고 영어로 말하지 못한다. 그저 아주 작은 변화가 계속되고 있을 뿐이다. 그 결과는 당장 눈에 보이지 않는다. 그러다 보니 쉽게 이전의 일상으로 돌아가게 된다. 그래서 곧 하기 쉬운 나쁜 습관으로 돌아가기 쉽다. 좋지 못한 생각이나 작은 변명도 매일 반복하면, 조금씩 쌓여 나쁜 결과를 낳을 것이다.

습관이란 자동으로 실행하게 될 때까지 여러 번 반복하는 행동이다. 일상에서 습관이 조금만 바뀌어도 인생은 전혀 다른 방향으로 갈 수 있다. 우리의 삶은 한순간의 변화로 만드는 것이 아니다. 아주 조금씩 변화하는 것이다. 반복적으로 실행하는 작은 습관은 기적을 만들 것이다.

톨스토이는 수많은 실패작을 만들면서도 포기하지 않고 또다시 도전했다. 모차르트도 실패를 거듭하면서 도전했기에 불후의 명작을 만들 수 있었다. 실패를 거듭하면서도 자신이 하던 일을 습관적으로 한 결과다.

 을사년에는 자신이 어떤 사람이 되고 싶다는 목표를 세우고, 조금씩이라도 그 방향으로 가는 작은 습관을 만들기를 바란다. 뱀의 상징처럼 지혜롭고 영리한 한 삶을 살기를 바란다. 스스로 자문자답해 본다.

제 3 장

말의 향기

꽃처럼 말하기

〈네루다의 우편배달부〉라는 소설이 있다. 시와 언어에 대한 아름다움을 잘 표현한 소설로 문학 지망생에게 권하던 책 중 하나다.

노벨문학상 수상자이기도 한 파블로 네루다는 칠레가 사랑하는 민중 시인이다. 당시 칠레 독재 정권에 항거하며 이슬라 네그라 해안에 은둔한 파블로 네루다를 취재하던 안토니오 스카르메타가 쓴 소설이다. 취재하면서 스카르메타는 네루다에게 편지를 전해주는 우편배달부 청년 마리오를 알게 된다. 마리오와 네루다의 이야기를 담은 〈네루다의 우편배달부〉는 시 냄새가 가득한 소설이다. 처음 시집詩集에 사인을 해달라며 치근대는 마리오와 네루다는 이런 대화를 나눈다.

"온갖 메타포로 나를 시험에 들게 하지 말게." "메타포? 그게 뭐죠?" "대충 설명하자면 한 사물을 다른 사물과 비교하면서 말하는 방법이지." "예를 하나 들어 주세요." "좋아. '하늘이 울고 있다.'라고 말하면 무슨 뜻일까?" "참 쉽군요. 비가 온다는 거잖아요." "그게 메타포야." "그렇게 쉬운 건데 왜 그렇게 복잡하게 말하죠?"

네루다는 시를 배우려 하는 마리오에게 점차 관심을 가지며 그의 생활에도 관여하는 친구가 된다. 그런 마리오가 주점에서 일하던 베아트리스라는 소녀와 사랑에 빠진다. 마리오는 네루다에게 도움을 청하며 그간 배운 메타포 가득한 언어로 베아트리스를 유혹한다. '미소가 얼굴에 나비처럼 번진다.'거나 '웃음은 한 떨기 장미이고 홀연히 일어나는 은빛 파도'라든가, '그대 머리카락을 낱낱이 세어 하나하나 예찬하자면 시간이 모자란다.'라는 등의 언어로 그녀를 사랑의 포로로 만든다. 마리오가 가진 게 없는 우편배달부이기에 결혼을 반대했던 베아트리스의 과부 어머니도 사로잡는다. 소설은 잔잔하면서도 진한 감동 이외에도 넘치는 묘사와 대화, 해학적인 성 묘사, 순수함이 빚어낸 이야기로 재미를 가중한다.

그러나 네루다가 숨을 거두기 전 두 사람의 마지막 만남은 서럽도록 아프다. 쿠데타가 일어난 날. 총알이 빗발처럼 이는 새벽, 네루다의 집을 지키는 군인들을 피해 몰래 잠입한 마리오는 네루다에게 온 편지와 전보를 몽땅 외워 바닷가를 바라보는 네루다에게 말로 전하며 병든 네루다의 마지막을 부축한다. 네루다는 병사하고 마리오는 연행되어 실종된다. 네루다와 우편배달부의 우정도 끝이다.

읽는 내내 가슴이 울렁거렸다. 꽃처럼 말하는 문학의 향기 때문인 듯하다. 그렇다. 살면서 우리는 말도 꽃처럼 아름답게 해야 한다.

남과 잘 소통하려면 대화도 잘해야 한다. 표현도 아름답게 해야 한다. 태도 또한 공손해야 한다. 서로의 다름을 인정하고, 겉으로 드러나지 않은 마음도 읽어야 한다. 여자와 남자의 언어 차이도 배워야 한다. 어려운 주문이다. 그래도 그러도록 노력해야 한다. 가정에서도 마찬가지이다.

예를 들어 아내가 "나 살찐 것 같지?"라고 말할 때, "그렇게 먹어 대더니." 한다면 아내의 반발을 불러 싸움으로 발전할 것이다. 아내의 말은 "예쁘고 사랑스럽다."라고 얘기해 달라는 말이다. "나 오늘 속상한 일 있었어."라고 말한다면 그것은 옳고 그름을 따져 달라는 말이 아니다. 내가 겪은 억울한 이야기를 들어주고 내 편이 되어 달라는 의미이다.

어찌 된 셈인지 요즘 꽃 같은 말을 듣기 힘들다. 언어폭력이 난무하고 있다.

어쩌다 세상이 이렇게 변했는지 모르겠다. 예의禮義도 염치廉恥도 없는 것 같다. 예란 상대방을 존중하여 공손하게 대하는 것을 말하고 의는 옳고 그름을 잘 판단하여 바르게 행동하는 것을 말한다. 염은 청렴함을, 치는 부끄러움을 말한다. '염치가 없다.'라는 말은 청렴하지도 않은 게 부끄러움도 모른다는 말이다. 옛 선인들은 예의염치가 없는 사람이 나라를 통치할 나라는 시끄럽고 혼란스럽다고 했다.

황금찬 시인이 말했다. "꽃처럼 말하라. 그러면 네가 바로 꽃이 될 것이다."

말의 마음

　성형외과가 성업 중이다. 턱을 깎고 코를 높이고 눈도 크게 만드는 성형으로 얼굴을 바꾸는 일이 유행처럼 번지고 있다. 얼굴이야 바꿀 수 있다. 그러나 사람의 진면목이야 바꿀 수 있나.

　대학 친구 중 검은 피부에 여드름이 많았던 여학생이 있었다. 보통 기준에서 미인은 아니었다. 공부도 열심히 하며 남의 아픈 사연도 잘 들어주는 성품 좋은 여학생이었다. 졸업 후 잊고 있었다. 그러다 졸업 25년 재상봉 행사에서 만난 그 여학생은 박사학위도 취득한 대학교수가 되어 있었다. 가무잡잡한 불균형의 얼굴은 우아하게 바뀌어 있었다. 성형의 결과가 아니다. 삶의 궤

적에서 그의 착한 성품이 얼굴을 바꾸어 놓은 것이다. 마음 씀씀이에 따라 얼굴도 바뀐다. 긍정적인 그의 말과 말투는 부드럽고 매력적이었다.

이런 말이 있다. "사람의 관상을 보는 것보다 말을 듣는 것이 낫고, 말을 듣는 것보다 행동을 살펴보는 것이 낫고, 행동을 살펴보는 것보다 마음을 헤아려 보는 것이 낫다." 얼굴보다는 말을, 말보다는 행동을, 행동보다는 마음을 보라는 뜻이다.

얼굴보다 중요한 것이 그 사람의 말이다. 이야기를 나누다 보면 왠지 마음이 끌리는 사람이 있지만, 기분이 안 좋은 사람도 있다. 우선 말투부터 다르다. 매력적인 사람은 대부분 긍정적으로 말한다. 부정적으로 말을 하는 사람에게는 왠지 정이 가지 않는다. 똑같은 표현도 긍정으로 돌려 말하면 듣는 사람도 기분이 좋다.

말이 곧 그 사람의 행동이다. 자신이 생각하고 말하는 것이 바로 그 사람의 운명이다. 생각이 말이 되고 말이 행동이 되고 행동이 습관이 되고 습관은 성격을 형성하고 성격은 운명이 되어 삶의 흐름을 결정한다.

좋은 마음이 좋은 얼굴을 만든다. 반면에 좋은 얼굴을 가지고 있더라도 나쁘게 마음을 먹으면 사악한 인상으로 바뀐다. 평소 마음을 곱고 바르게 써야 운명도 바꿀 수 있다. 남에게 호감을 주는 얼굴을 가지려면 마음을 곱게 써야 한다. 심성이 착하고 남을 돕고 배려하면 얼굴도 부드럽게 변한다. 그런 사람은 말도 부드럽게 한다.

친절한 말투도 고운 마음에서 나온다. 심상이 고운 사람은 말투도 곱다. 말을 바르게 사용하는 사람은 행동도 정갈하다. 정갈한 행동도 고운 마음에서 나온다. 같은 말을 해도 완곡한 표현, 부드러운 표현은 듣는 사람을 편안하게 한다. 공격성이 없기 때문이다. 말투와 목소리 톤에 따라 같은 말을 해도 말을 해도 전혀 다르게 들린다.

기본적으로 상냥한 어투로 말하는 사람과, 무뚝뚝하게 말하는 사람을 비교해 보라. 듣는 사람의 느낌과 기분은 사뭇 다르다. 말투도 대상에 따라 다른 톤을 구사해야 한다. 말을 바르게 사용하면 사람도 달라 보인다. 칼로 벤 상처는 아물어도 말로 벤 상처는 아물지 않는다는 말이 있다. 말에 상처받고 마음을 접으면 좀처럼 펼 수 없다. 말에도 생각이 있어야 한다. 행동에도 생각이 있어야 한다. 생각 없는 말과 행동이 사람의 마음을 아프게 한다. 필자도 사는 동안 말실수로 상대를 아프게 한 경험이 있다. 시간이 지나 통렬히 반성하고 후회해 보지만 화살은 이미 시위를 떠나고 난 후다. 이제라도 말을 조심해야겠다고 생각해 본다.

바로 지금 곁에 있는 사람에게 부드럽고 사랑스럽게 말해야 한다. 가까이 있는 사람과 따뜻한 마음을 주고받을 때 우리 삶은 한층 아름다워질 것이다. 그런 사람이 매력적이다.

요즘 젊은이들이 이성異性을 만났을 때 우선 "잘 생겼느냐? 예쁘냐?"를 먼저 묻는다고 한다. 나도 젊었을 때 외모로 남을 평가하려는 경향이 다분히 있었다. 얼굴 예쁜 여자에게 관심을 보이기도 했다. 그러나 살아오면서 뒤늦게 얻은 진리가 있다. 바로 얼굴보다는 말을, 말보다는 행동을, 행동보다는 마음을 보라는 참뜻이다.

손자들이 성장하면 들려줘야 할 말이 있다. "얼굴 반반한 건달의 현란한 감언에 속지 말고, 진솔한 행동과 심상을 보라고."

말의 향기

　백수를 누린 황금찬(1918~2017) 시인은 평소 "꽃처럼 말하라. 그러면 네가 꽃이 될 것이다."라는 말을 자주 했다. 그의 시 중에는 "네 음성은 물소리를 닮아라. 허공을 나는 새에게 돌을 던지지 마라."라는 글귀도 있다. 물소리 닮은 음성으로 꽃처럼 말한다면 듣는 사람은 얼마나 행복할까.

　그는 살아생전 꽃처럼 말했다. 만나는 사람의 장점도 잘 본다. 칭찬에도 인색하지 않았다. 그런 그의 아름다운 마음이 백 세까지 여유롭게 사는 연유가 된듯하다.

　1980년대 MBC-TV의 〈조선 왕조 500년〉 드라마로 세간의 주목을 받던 신봉승(1933-2016) 시인은 황금찬 선생의 영향을 받아 시인이 되었다고 강조한다. 신봉승 시인은 내게 이런 말을 한 적이 있다. "황금찬 시인은 칭찬할 구석이 별로 없을 성싶은 여류 시인을 만나도 예쁜 구석을 잘도 찾아낸다. 언젠가는 신인 여류 시인이 인사를 하는데 '어쩌면 네 핸드백과 자태가 그리도 잘 어울리느냐?'라고 말하더라."라고 하는 것이다.

그래서 때때로 여류 시인들에게 오해받기도 했다. '저 노인이 내게 흑심을 품은 게 아닌가?' 하고 말이다. 간혹 그렇게 말하는 여류 시인들을 보면 나는 타일렀다. "오해하지 마라. 그는 모든 사람에게 예쁘게 말하는 천성이 시인이다."

말은 곧 그 사람의 향기다. 꽃이 아무리 예뻐도 냄새가 독하면 곁에 가까이 두지 않는다. 화려하진 않아도 향 좋은 난蘭은 방안에 곱게 들여놓지 않는가. 다른 사람을 격려하고, 위로하고, 칭찬하며 복을 전하는 사람의 말은 향기롭다. 아름답다. 그런 사람은 대체로 겸손하다.

사람의 행복과 불행은 말에서부터 출발하는 경우가 많다. 무심코 던진 한마디가 인생을 바꾸고 격려와 위로의 힘이 되기도 한다. 그 반대로 상대에게 잊지 못할 상처를 주는 말로 관계를 멀어지게 만들기도 한다. 말은 약도 되고 독도 된다. 같은 말도 예쁘게 하는 사람이 있는가 하면 독하게 내뱉는 사람도 있다.

말에는 생명력이 있어 상대방을 죽이기도 하고 살리기도 한다. 칼로 벤 상처는 쉽게 아물지만, 말로 벤 상처는 아물지 않는다는 말도 있다. 특히 가까운 친구나 가족에게 말을 함부로 하기 쉽다. 그런 관계일수록 말을 예쁘게 해야 한다.

시어머니가 며느리를 나무라면 젖 빨던 아이가 '생 똥'을 싼다는 말이 있다. 면박을 받아 서글픈 며느리는 돌아앉아 화를 참으며 아기에게 젖이나 물리는 것이다. 그 순간 자신이 기댈 곳은 아기밖에 없기 때문이다. 그러나 젖을 빠는 아이는 엄마의 사랑이 아닌 화로 생긴 독을 먹고 있는 셈이다.

수유기에 시름시름 앓는 아이, 잘 자라지 못하는 아이가 있다면 그 가족 관계에 문제가 있다고 보면 틀림없다. 느닷없이 아기에게 병변이 왔다면 부부 싸움이나 고부간의 갈등에 원인이 있을 것이다.

속담에 "장맛이 나쁘면 집안이 기운다."라는 말도 있다. 가정에서 메주를 담글 때 새끼줄로 엮어 벽이나 천장에 걸어 두는 게 전통 방식이다. 그러면 집안의 온갖 미생물이 메주에 달라붙어 그것을 발효시킨다. 그런데 집안 가족 간 다툼이 잦으면 그 다툼의 홧김에 메주균이 죽는다. 메주는 까맣게 되고 결국 장맛이 고약해진다고 한다. 그래서 나온 말이다.

다툼의 원인은 대체로 어떤 특별한 사안 때문이 아니다. 사용한 말의 영향이 더 크다. 천둥 치듯 화를 내며 상대를 탓한 데서부터 시작된다. 물소리 같은 음성으로 꽃처럼 말했더라도 다툼이 일었을까. 잔뜩 화를 품고서 사람을 대하면 어찌 될까? 싸움이 잦은 집에 사는 아이들이 끊임없이 온몸에 부스럼과 종기를 달고 사는 이유도 바로 여기에 있다. 노여운 기운이 죄 없는 아이들의 혈관 속을 흐르기 때문이다. 화를 잘 내는 사람의 주변은 대체로 시끄럽다. 화로 인해 단명하다.

사람은 빵 만으로 사는 게 아니다. 서로 간의 사랑과 보살핌에 힘을 얻어 사는 것이다.

친절이 주는 효과

유신 후기, 모든 출판물이 검열받던 시기가 있었다. 그때 내 글이 문제가 되어 해직되었다 그 당시 해직 기자에겐 별다른 길이 없었다. 당면 과제는 처자식과 먹고 사는 문제다. 다행히 나를 염려하는 친우들의 도움으로 소규모 라벨 인쇄업을 시작하게 되었다. 주로 식품 용기에 붙이는 상표용 스티커 인쇄다. 그 일을 46년이 지난 지금까지 하고 있다.

자본도 없고 돈도 귀했던 시절 소규모 공장은 힘들기만 했다. 하지만 나를 직장에서 몰아낸 박정희 대통령의 산업화 정책에 편승해 회사는 그럭저럭 운영할 수 있었다. 그 당시는 중공업을 필두로 각 분야에서 산업의 싹을 틔우던 때다. 무슨 일을 하든 물건만 만들면 팔리던 때다. 회사는 정상적으로 굴러갔다. 절필하려던 마음도 바꾸어 시단詩壇에 얼굴을 내밀기도 했다.

그 무렵 라벨 인쇄기의 주 생산국은 일본이었다. 일본의 산업은 6·25전쟁으로 폐허가 된 우리보다 늘 한발 앞서갔다. 중공업도 기계 산업도 우리를 앞질러 갔다. 그런 연유로 일본을 방문하기로 했다.

40년 전 처음으로 해외여행을 한 곳이 일본이었다. 당시는 반일 감정이 팽배하던 시기이다. 내 머릿속에 일본 사람은 독립군을 잡아 죽이고 한국인을 무자비하게 억압한 교활한 사람으로 각인되어 있었다. 영화도 언론도 모두 그렇게 그리고 있었다. 마음속에 증오심과 경계심도 있었다.

일본 시장을 둘러보던 나는 한 슈퍼마켓에서 바코드 라벨을 보았다. '주르륵' 찍어 나가는 바코드 라벨에 관심이 갔다. 한국도 곧 이런 라벨이 필요할 수 있다고 생각했다. "이 라벨을 어디서 구하느냐?"고 점원에게 물어보았다. 자기는 모르고 자기 상사인 과장이 알고 있다면서 친절하게 자기 상사에게 안내해줬다. 내

이야기를 들은 과장도 라벨을 구매한 회사로 전화해 주며 면담을 주선해 주는 것이다.

누군가 길을 물어도 퉁명스럽게 "몰라요."라는 말을 자주 들어온 내게는 자기 일도 아니면서 친절을 베푸는 일본 사람들과의 첫 조우는 놀라움이었다. 다음날 방문하여 기계들을 둘러보면서 구매하고 싶다고 하니 판매는 동경 본사에서 한다고 하며 본사로 연결해주었다.

한 슈퍼마켓 여직원의 친절이 업무와 전혀 관계가 없는 다른 회사의 기계 수출에 공헌한 셈이다. 이런 친절이 일본 산업 발전에도 한몫한 듯하다고 생각했다.

그때 느낀 일본인들의 친절은 놀라움이었다. 기름을 넣고 떠나는 자동차 꽁무니에 대고 "감사합니다. 안녕히 가십시오." 하며 90도로 고개 숙여 인사하는 모습도 당시의 내 눈에는 '뭐 저렇게까지 하나.' 하며 신기하게 느끼기도 했다.

귀국 후 나의 일성은 친절이었다. 직원들에게 친절한 전화 응대를 주문했다. 그리곤 나 자신도 모범을 보이려고 애썼다. 그 후 수차례 일본을 들락거리며 일본인들의 친절을 배우게 되었다. 일본 사람에 대한 나의 선입견도 바뀌기 시작했다. 물론 상술이 앞선 것으로 생각할 수도 있다. 하지만 친절이 주는 효과는 만만치 않았다.

사실 우리에게 친절에 대한 교육은 부족했다. 유머러스한 말보다 근엄한 얼굴로 진지하게 말하는 것이 상류 지식인의 표본처럼 되어 있다. 그래야 경외감도 느끼는 분위기였다. 유머러스한 사람은 조금은 경박한 듯 생각하며 쉽게 대하려 하는 분위기다.

일본 사람에게서 느낀 친절을 실천하기로 했다. 걸려 온 전화에도 먼저 이름을 밝히고 부드러운 어투로 답변하려 노력했다. 잘못 걸려 온 전화에도 친절하게 답변해 주었다. 그런데 놀라운 변화가 왔다. 회사에 대한 고객들의 이미지가 변하기 시작한 것이다.

마주치는 모든 사람에게 친절해야 한다. 심각한 얼굴로 찌푸리며 말하는 것보다 밝은 얼굴로 친절하고 즐겁게 대하는 것이 성공의 지름길이다.

그다음은?

"나는 어디서 와서 어디로 가는가." "나는 무엇을 위해 사는가." "나는 누구인가." 이런 의문은 태어나 성장하면서 자아를 형성하는 시기에 갖는 보편적 의문이다. 이 의문은 철학의 바탕을 이루는 명제이기도 하다. 그러나 어느 학자나 철학자 종교 지도자들도 명쾌하게 단정할 수 없는 질문이다.

수도원이나 사찰 입구에는 대체로 큰 돌비석들이 있다. 그 중 프랑스 파리의 한 수도원 입구에 있는 큰 돌에는 '아프레 쏠라(Apres cela)'라는 말이 세 번이나 반복해서 적혀 있는 비석이 있다고 한다. '아프레 쏠라(Apres cela)'라는 말은 '그다음은?'이라는 뜻이다. 이 말이 세 번이나 거기에 쓰인 데는 유례가 있다고 한다. 전해진 이야기는 다음과 같다.

고학을 하던 한 법대생이 마지막 한 학기를 남겨 놓고 학비를 도저히 마련할 길이 없었다고 한다. 고민 끝에 그는 신부를 찾아가 도움을 청했다. 그러자 신부는 "마침 조금 전에 어떤 성도가 좋은 일에 써 달라고 돈을 한 묶음 갖다 놓고 갔네. 이건 분명히 자네를 위한 것일세." 하고는 세 보지도 않고 이 학생에게 돈을 내주었다고 한다.

뜻밖의 도움을 받은 학생은 기쁜 얼굴로 봉투를 받아 감사의 인사를 하고 돌아 나오려는데 신부가 잠시 불러 세웠다. 그리곤 "한 가지 묻겠는데 자네는 그 돈을 가지고 뭘 하려나?"하고 물었다고 한다.

"말씀을 드린 대로 등록금을 내야지요." "그다음은?" "열심히 공부해서 졸업해야지요." "그다음은?" "법관이 돼서 억울한 사람들을 돕겠습니다."

신부는 계속 질문했다. "좋은 생각이구먼. 그래 주면 좋겠네. 그럼, 그다음은?" "돈 벌어서 장가도 가고, 가족들도 먹여 살려야 하지 않겠습니까?" "그다음은?"

　심상치 않은 질문에 학생은 더 이상 대답을 못 했다. 신부는 빙그레 웃으며 말했다고 한다. "그다음은 내가 말하지. 자네도 죽어야 하네. 그다음은 자네도 심판대 앞에 설 것일세. 알았는가?"

　학생은 집으로 돌아왔다. 하지만 '아프레 쓸라(Apres cela)'라는 신부의 질문이 귓가에서 떠나지 않았다. 학생은 결국 돈을 신부에게 돌려주고 수도원으로 들어가서 수도사가 되었다고 한다. 그리곤 많은 보람된 일을 하며 한 생을 보냈다고 한다. 그가 죽고 난 뒤에 그가 한평생 좌우명으로 외우던 세 마디. 〈Apres cela, Apres cela, Apres cela〉를 써 놓았다고 한다.

　이 이야기의 사실 여부는 그리 중요하지 않다. 다만 우리는 이 세상에 빈손으로 와서 빈손으로 간다는 사실만은 틀림없다. 이 세상에 영원한 것은 아무것도 없다.

　지금 우리 사회는 혼탁하기 그지없다. 국민과 이웃의 안위보다 권력에 집착하는 무리의 좌충우돌의 별난 행태가 여기저기서 보인다.

우리 사회를 이끄는 정치 사회 지도자들의 경망스러운 말투가 우리 마음을 헤집고 있다. 어쩌다 우리 사회가 이 지경이 되었는지 모르겠다. 위선과 증오, 천연스럽게 자행하는 거짓말들. 이런 것들이 우리를 혼란스럽게 만들고 있다. 나와 의견이 다르면 바로 적으로 치부하며 사안을 오도하며 저주하는 사회가 되었다. 걱정스럽기만 하다.

그런 사람들에게서 "그다음은, 그다음은" 하는 의문은 없어 보인다. 오늘의 투쟁적 삶이 전부인 듯, 현실 욕망에 매달려 앞뒤 가리지도 않고 하이에나처럼 서로 물어뜯기기에 여념이 없다. 선조 대대로 이웃을 배려하고 감사해하며 살던 여유로운 마음들이 사라져 가고 있다.

그러나 보라. 우리 삶도 언젠가는 끝나는 날이 온다. 삶의 종말이 온다. 그 앞에 섰을 때 살아오는 동안 자신의 언행이 바람직했다고 자부할 수 있나.

불의를 서슴지 않는 사람들의 공통점은 종말 의식이 없다는 점이다. 우리가 기억하며 살아야 할 말이 하나 있다. 아프레 쓸라 (Apres cela). 그다음은?

거울은 먼저 웃지 않는다

아침이면 수염을 깎는다. 가뜩이나 못난 얼굴 수염마저 무질서하면 방금 산에서 내려온 사람처럼 보일 것 같아 아침마다 번거로운 이 일을 먼저 한다. 비누칠하고 면도기를 들고 거울 앞에 선다. 내가 하루에 거울을 보는 시간은 이때뿐인 듯하다. 거울을 보면서 못난 얼굴에 자탄하기도 한다. 어찌 그리도 못생겼느냐 생각하며 얼굴을 찌푸려 볼 때가 있었다. 그랬더니 거울도 제 얼굴을 찌푸리는 게 아닌가. 못난 얼굴이 더 못나 보였다.

언제였나. 창문을 두들기는 아침 햇살이 황홀했다. 창문에 부딪히며 진진모리장단으로 춤을 추는 게 아닌가. 콧등에 스치는 바람도 시원했다. 상쾌한 게 기분이 좋았다. 오늘은 무슨 즐거운 일이 생길 것 같아 콧노래를 흥얼거리며 거울 앞에 섰다. 거울 속에도 흥얼거리며 미소 짓고 있는 얼굴이 있었다. 그런대로 괜찮아 보이는 게다. 그렇구나. 기분 좋게 흥얼거리는 얼굴이 찌푸린 얼굴보다 좋아 보이는구나. 그러고 보니 거울은 내 마음을 읽고 반응할 뿐만 아니라 내가 하는 대로 나를 따라 하는 게 아닌가.

내가 기분이 좋아 미소를 보이면 저도 미소를 보낸다. 내 심사가 뒤틀려 있으면 거울 속의 나도 어딘가 음습해 보인다.

거울은 먼저 웃지 않는다. 그렇다고 먼저 화를 내지도 않는다. 내가 웃어야 따라 웃고 내가 화를 내면 저도 화를 내는 것이다. 내가 짜증을 내면 거울도 짜증을 낸다.

사람도 마찬가지다. 사람도 거울과 같다. 내 앞에 있는 사람이 바로 거울인 셈이다. 내 앞에 있는 사람도 내가 하는 대로 따라 한다고 보면 틀림없다.

미국 속담에 "The smile of housekeeper is to be happy with family. (주부의 미소는 가족을 행복하게 만든다.)"라는 말이 있다. 내가 웃으며 가족(거울)을 바라볼 때 가족도 웃고 가정이 행복해진다. 사소한 일로 내가 짜증을 내고 불평하면 거울(가족)도 짜증을 내고 불평하게 된다. 가족뿐만 아니다. 친구 간이나 직장에서도 마찬가지이다. 내가 웃으면서 일을 하고 상대를 바라볼 때 상대도 기분 좋게 웃으며 내게 호감을 느끼고 다가온다. 그럴 때 당신은 행복해진다. 당신뿐만 아니라 남도 행복해진다.

사는 동안 즐겁게 웃으며 살아야 한다. 해야 할 일이 있으면 즐거운 마음으로 웃으며 해야 한다. "말이 쉽지, 그게 어디 쉬운가요." 할 것이다. 그러나 이는 마음 먹기에 달려 있다. 웃으며 긍정적으로 세상을 바라볼 때 당신이 하는 일도 즐거울 수 있다. 일도 훨씬 쉬워진다. 능률은 배가 될 것이다. 세상에 보이는 것마다 부정적으로 보고 시비하다 보면 한도 끝도 없다. 이는 자신을 불행하게 만드는 단초가 될 것이다. 주변과는 늘 껄끄러운 관계가 발생할 것이다.

사람은 누구나 장단점을 가지고 있다. 앞에 있는 사람의 장점을 쉽게 찾는 사람은 행복한 사람이다. 누군가 처음 만나 인사를 나눌 때도 밝게 웃으며 상대의 좋은 점을 발견하고 칭찬해 보라. 상대도 웃으며 당신에게 호감을 가지고 대할 것이다. 표정부터 달라져서 함께 웃으며 친근감을 느낄 것이다. 그리곤 친구 사이로 발전할 것이다.

반대로 남의 단점부터 보고 마음속으로라도 상대를 비난하고 있었다면 거울 같은 상대도 당신의 그런 속내를 읽고 속이 편치 않을 것이다. 그 역시 같은 마음일 것이다. 물론 둘과의 관계는 더는 발전할 수도 없다. 둘 사이는 물과 기름처럼 겉돌 수밖에 없다. 같은 인물에 상반된 결과가 나타난다. 이는 엄청난 차이이다. 이런 것을 첫인상이라고 한다.

행복의 길은 먼 데 있지 않다. 지금 바로 당신이 어떻게 하느냐에 달려 있다. 살아가야 할 날이 점점 짧아지고 있다. 웃으며 감사하며 즐겁게 살아도 부족하다. 남이 해주기를 바라는 대로 내가 먼저 해야 한다. 성격은 행동을 만들고 행동은 운명을 만든다고 했다. 심각한 얼굴로 찌푸리며 사는 것보다 미소 지으며 밝은 얼굴로 즐겁게 사람들을 대하는 것이 곧바로 성공의 지름길이다.

동네 의사

내 고향은 충북 청주 근처 내수라는 시골 마을이다. 지금은 청주시에 편입되어 도시가 되었다. 초등학교 입학하자 6.25 전쟁이 발발했으니, 70년 전 이야기다.

당시 동네에는 재생병원이라는 조그만 병원이 하나 있었다. 의사 이재표 선생님. 사방 이십 리 이내에 한 사람뿐인 의사다. 그에 대한 동네 사람들의 존경심은 대단했다.

초등학생들은 운동장에 줄지어 이재표 선생님으로부터 예방주사를 맞았다. 열악한 시골 동네 의사이지만 지금도 그 이름을 기억하는 것은 당시 그가 참 의사의 표상처럼 보였기 때문이다.

그의 교통수단은 자전거였다. 누군가 산통이라도 있어 병원 문을 두드리면 그는 산부인과 의사가 된다. 자전거에 왕진 가방을 얹고 밤낮을 가리지 않고 교통수단이 없는, 더 시골까지 왕진하러 간다.

모두가 가난할 때이니 의료 보수를 얼마나 받았을까. 의료 보험도 없을 때다. 지금도 기억하는 것은 추수가 끝나면 아버지는 재생병원 몫으로 쌀을 포함해 상당 부분의 농산물을 남게 놓았다. 그는 당시 내수 사람들에게 그는 히포크라테스였다.

의사가 부족한 것이 현 한국 사회의 실태인 듯하다. 서울을 위시해 대도시는 큰 병원도 많으며 충분한 진료가 이루어지고 있다고 본다. 그러나 지방의 작은 병원에는 아무리 거액을 제시해도 의사를 구할 수가 없다고 한다. 산부인과, 소아과는 물론 어려운 수술이 있는 외과나 내과 등에는 의사를 구하는 데 애를 먹는다고 한다.

충북 괴산 서부병원에 근무하는 반재민이라는 의사가 있다. 대학 후배다. 서울의 한 종합 병원 외과 전문의이던 그는 정년퇴직 전 "고향 괴산에 의사가 없어 고향 어르신들이 불편해하니,

이제 고향에 내려가 봉사하고 싶다." 하더니 정말 시골로 내려갔다. 그는 최근 의사들의 파업과는 거리가 멀다. 서울에서 보기 힘든 환자들이 연일 밀려오기 때문에 주 6일 내내 병원을 지킨다고 한다.

밭에서 호미질하다가 뱀에게 물린 환자, 벌레에게 물린 환자, 경운기가 밭고랑에 넘어지는 바람에 다리가 부러진 환자 등 도시에서 보기 힘든 환자들이 대부분이란다. 자연 시골 동네 의원처럼 여러 가지 진료를 해야 한다. 임산부 제왕절개 수술도 해야 하고, 위암 수술, 콩팥 수술도 해야 한다. 자신이 돌 볼 수 없는 환자는 충북대학 병원으로 이송한다고 한다.

인류를 사랑하는 박애 정신이 없으면 병원을 열지 않을 것이다. 1885년 서양 선교사이며 의사인 앨렌(Horace N. Allen)은 우리나라 최초로 근대식 병원인 제중원(濟衆院)을 설립했다. 서양인 의사다. 그에게 사명감이 없었다면 이역만리 타국에 와서 병원을 지을 이유가 없다. 그 병원이 현재 연세 세브란스 병원으로 발전했다. 발전된 인류 문명의 이익을 제대로 받지 못하는 조선 말기 열악한 의료 환경을 개선하겠다는 앨렌 박사의 순수한 인류애의 발로다. 고대 그리스 시기, 신비주의의 일환으로 다루어졌던 의술을 학문적 개념으로 분리 시도한 히포크라테스는 서양의학의 아버지로 불리고 있다. 그의 이름을 따 오늘날 전 세계 의과대학 졸업식에서 학생들은 '히포크라테스 선서'를 한다. 그 내용은 다음과 같다.

1. 나는 인류에 봉사하는 데 내 일생을 바칠 것을 엄숙히 맹세한다.
2. 나는 마땅히 나의 스승에게 존경과 감사를 드린다.
3. 나는 양심과 위엄을 가지고 의료직을 수행한다.
4. 나는 환자의 건강을 최우선으로 고려할 것이다.
5. 나는 이 모든 약속을 나의 명예를 걸고 자유 의지로 엄숙히 서약한다.

의사들이 대학 졸업식에서 "인류에 봉사하는 데 내 일생을 바칠 것"을 선서하며, "양심과 위엄을 가지고 의료직을 수행하며 환자의 건강을 최우선으로 고려할 것"이라고 한 히포크라테스 선서처럼 환자 곁으로 돌아와 국민에게 봉사하는 아름다운 모습을 보여 주었으면 좋겠다.

무상복지의 허상

　미국 코넬대학교에 연세가 많은 경제학 교수가 있었다. 그는 학생들에게 학점을 후하게 주는 교수로 유명했다. 그 교수는 오래도록 경제학을 가르쳐 왔지만, 단 한 명에게도 F 학점을 준 적이 없었다고 한다. 그런데 수강생 전원에게 F 학점을 주는 일이 일어났다. 그 전말은 다음과 같다.

　학기 초 수업 시간 중 교수가 오바마 대통령이 주장한 복지 정책을 비판했다고 한다. 그러자 학생들은 교수의 생각이 틀렸다며 따지고 들었다.

　당시 오바마 대통령의 복지 정책은 미국 국민이라면 그 누구도 가난하거나, 지나친 부자로 살아서는 안 되며, 평등한 사회에서는 누구나 다 평등한 부를 누릴 수 있어야 한다는 것이었다.

그러자 교수가 학생들에게 한 가지 제안을 했다. 누구의 주장이 옳은지를 시험 성적을 가지고 실험해 보자는 것이다. 시험을 치른 후 수강생 전원의 평균 점수를 모든 수강생에게 똑같이 준다는 내용이었다.

이 실험은 누구나 다 평등한 부를 누릴 수 있어야 한다는 복지정책의 타당성을 알아보기 위한 것이었다. 실험의 결과가 궁금했던 수강생들은 모두 동의했다. 그 학기 수업은 예정대로 잘 진행되었다.

얼마 후 첫 번째 시험을 치렀다. 전체 학생들의 평균 점수가 B가 나왔다. 학생들은 모두 첫 시험 점수로 B 학점을 받았다. 공부를 열심히 한 학생들은 불평했다. 하지만 시험공부 하지 않았던 학생들은 손뼉을 치며 좋아했다.

얼마 후, 두 번째 시험을 치렀다. 공부하지 않은 학생들은 계속 놀았다. 전에 열심히 하던 학생들은 내가 열심히 해 봤자 공부하지 않은 다른 학생들과 평균을 내면 어차피 B 학점 이상 받기는 틀렸다고 생각하고, 시험공부를 그전처럼 열심히 하지 않았다. 그 결과 전체 평균은 D가 되었다. 당연히 모든 학생은 D 학점을 받았다.

그러자 학생들의 불만이 커졌다. 하지만 열심히 공부하는 학생은 거의 없었다. 열심히 해 봤자 공부를 안 하는 애들만 좋은 일을 시켜주는 거라는 생각을 하고 있었기 때문이었다.

세 번째 마지막 고사에서는 전체 평균이 F로 나왔다. 그래서 약속에 따라 모든 학생은 F 학점을 받게 되었다. 학생들은 아연 실색할 수밖에 없었다. 학기 마지막 시간에 교수는 실험 결과를 발표했다.

"여러분이 F 학점을 받았듯이 이런 종류의 무상복지 정책은 필연적으로 망하게 되어 있다. 사람들은 보상이 크면 노력도 많이 한다. 그러나 열심히 일하는 국민의 결실을 정부가 빼앗아 놀고 먹는 사람들에게 나누어 준다면, 누구든 열심히 일하고 싶지 않을 것이다. 그런 상황에서 성공을 위해 일할 사람은 아무도 없을 것이다."

부자들의 돈을 빼앗아 가난한 사람에게 나누어 준다고 가난한 사람을 절대로 부자가 되게 할 수 없다. 한 명이 공짜로 혜택을 누리면 다른 누군가는 반드시 보상 없이 일해야 한다. 한 명에게 무상복지를 주려면 정부는 누군가로부터는 반드시 경제적 부(富)를 빼앗아야 한다. 국민의 절반이 일하지 않아도, 나머지가 먹여 살려줄 것이란 생각은 국가가 망하는 지름길이다.

이런 내용의 글을 읽으며 한국의 경제 정책을 생각하게 되었다. '가난은 나라도 구제할 수 없다'라는 말도 있다. 기업이 일자리를 만든다. 그런데 기업을 옥죄어 국민 누구에나 평등하도록 재분배한다고 주장하는 사람도 있다.

쉬면서 놀아도 주는 '실업수당'도 문제다. 6개월만 일하고 퇴직해도 신청만 하면 누구에게나 준다. 실제로 받는 급여보다도 많을 때도 있다고 한다. 실업수당 받으며 놀다가 인력난에 허덕이는 중소기업에 취업 후 6개월 후에 퇴사하고, 또 실업 급여 챙기며 쉰다는 것이다.

이런 희한한 제도가 청년 실업률을 높이고 있다. 이런 비효율적인 무상복지 제도를 보면서 언젠가는 한국경제도 곧 'F 학점'을 받을 것이라고 우려해 본다.

장애인을 포함해 일할 수 없는 사람에게는 당연 복지 혜택이 필요하다. 그러나 일을 할 수 있는 젊은 사람에게까지 무상복지 혜택을 주는 것은 국민을 나태하게 만들 뿐이다.

열심히 일하는 사람에게는 대가가 따라야 한다. 일하지 않는 사람에게는 어떤 보상도 혜택도 없어야 한다. 그게 국가 경제 발전의 길이고 정도이다. 누구나 평등한 부를 누릴 수 있어야 한다고 주장하는 무상복지는 허상에 불과하다.

꿀벌의 예언

계란껍질에 붙어사는 벌레며 세균들을 본다

지구에 사는 종족들과 비슷한 엄청난 수의 벌레들을 보며

인간을 생각한다

불과 70km만 땅속으로 파고들면 부글거리는

어느 구석 틈만 보이면 튀쳐나오려는

끓는 팥죽 같은 불덩이

그런 지구를 미분하면 계란 모양이라는데

계란에 앉은 벌레처럼 얇은 껍질에 붙어사는

인간을 생각한다

졸시 〈계란껍질에 앉아서〉 전반부 중 일부다. 지금 우리가 사

는 지구는 계란과 모양이 비슷하다. 계란껍질에 비유되는 지표면의 두께도 70km 미만이라고 한다. 그 표면도 불규칙하다. 얇은 지표면 땅속으로 파고들면 끓는 팥죽 같은 불덩이가 부글거리고 있다. 그 불덩이도 어느 구석 틈만 보이면 껍질을 깨고 뛰쳐나오려 하는 곳이 지구다.

계란 모양의 얇은 껍데기에서 인간들은 계란에 앉은 벌레처럼 붙어산다. 계란 노른자에 해당하는 지구 중심 내핵(內核)은 약 4,500도의 불덩이로 이루어졌다.

그 지표면에 사람들이 숨 쉬며 사는 공간도 매우 협소하다. 공기가 존재하는 대기권의 경계는 지구상에서 불과 10km 정도다. 그러나 대기권 아래도 인간이 숨 쉬며 살 수 있는 곳은 제한되어 있다. 불과 4,000m 정도의 산만 올라가도 호흡이 곤란해지는 걸 보면 실제로 인간이 자유롭게 숨을 쉬며 생활할 수 있는 두께는 지구 전체 크기나 우주 속의 공간 개념으로 보면, 마치 얇은 비닐 막 정도에 불과하다.

밑은 수 천도의 뜨거운 불덩이, 위는 아주 얇은 공기층, 그 좁은 공간에서 80억의 인구가 모여 산다. 그런데 그런 공간도 자연

재해로 위협당하고 있다.

지난 봄의 일이다. 꿀벌들이 공해와 고온으로, 무더기로 폐사해, 꿀벌에 의한 식물 수정이 안 돼 꽃이 열매를 맺지 못한다는 것이다. 그래서 농부들이 일일이 손으로 꽃가루를 묻혀 인공 수정을 하고 있다는 신문 기사다. 꿀벌이 사라진다면 어떻게 될까. 꿀벌의 집단 폐사로 꿀벌이 사라져 흉작을 예견하는 뉴스는 우리나라뿐만이 아니다. 전 세계가 마찬가지다.

꿀벌의 멸종은 식물들에 큰 위기로 다가온다. 당장 작물이나 채소, 과일들의 생산량에 영향을 미친다. 그걸 먹는 인간에게도 심각한 문제가 발생한다. 지구 온난화의 결과이다. 아인슈타인은 꿀벌이 멸종하면 4년 안에 인류가 사라질 수 있다고 한다.

그뿐만 아니다. 급격한 지구 온난화는 재해로 이어지고 있다. 이번 여름 지구 온도가 가파르게 상승하면서 지구가 몸살을 앓고 있다. 유럽 남미 등 곳곳 온도가 43도를 넘어 치솟고 있다. 온열로 사망자들이 속출하기도 했다. 태풍과 홍수 또한 극심했다. 한국도 마찬가지이다. 이대로 더위가 지속하다가는 지구가 사막화되고 인류가 멸망하는 게 아닌가 하는 의구심도 든다.

소설 〈개미〉로 우리에게 친숙한 프랑스의 베르나르 베르베르가 이런 점을 지적한 소설 〈꿀벌의 예언〉을 출간했다. 소설에는 주인공 르네 톨레다노가 꿀벌이 사라지고 인류 멸종의 위기를 맞은 2053년의 지구를 보고 온 뒤, 미래를 바꾸기 위해 시공간을 넘나들며 고군분투하는 내용이다.

주인공 르네가 다녀온 30년 뒤의 미래는 겨울임에도 지구 온난화가 극심해져 기온은 섭씨 43도가 넘고, 전 세계 인구는 150억 명에 달하는 충격적인 모습이다.

그런데 그런 상황이 30년 후가 아니라 바로 현재 발생하고 있다. 이미 이 여름 지구상에는 43도를 넘는 고열에 신음하고 있지 않은가.

소설은 꿀벌이 전부 사라진 뒤 식량난으로 인해 제3차 세계 대전이 발발한 미래를 보여 준다. 인류를 포함해서 지구상의 모든 존재는 서로 긴밀하게 연결되어 있다. 그 같은 사실을 무시하고 자연에 대한 방관은 지구의 위기를 맞이하는 미래에 대해 경고한다.

인간이 소비하는 식물의 80퍼센트가 꽃식물이야. 이 꽃식물의 80퍼센트가량의 수분을 담당하는 곤충이 바로 꿀벌이지. 그동안 꿀벌은 서서히 사라지는데 인구는 무서운 속도로 늘어났지. 인간이 직접 손으로 하거나 로봇을 이용한 수분이 가능하다고 믿었지만, 그 결과가 신통치 않았어. 조그만 원인 하나가 치명적인 결과를 낳아 전 세계 농업 생산량이 급감했지. 그런 상태에서 기온까지 상승하니 곡물 생산은 더 줄어들었고. 지표면의 사막화 현상이 가속화되고 물 부족이 심화되었지. 식량은 부족한데 인구가 많아지면 배고픔을 참지 못한 사람들이 폭동을 일으키는 건 필연적이야.

소설은 이야기하고 있다. 위기다. 인간들은 그 위기를 인식하지 못하고 있는 것이 더 큰 위기다.

짝꿍 만들기

한국 미혼 여성들이 결혼하지 않겠다는 비율이 높다고 한다. 20대 여성 중 44%에 육박한다고 한다. 결혼해도 자녀를 낳지 않겠다는 20대도 53%나 된다고 한다. 아직 힘이 있으니, 혼자도 잘 살 수 있을 것 같은 착각에 빠진 듯하다. 살아가는 동안 서로 의지하고 보듬는 짝꿍을 만들고 가족을 형성한다는 것이 얼마나 중요하고 소중한지 모르기 때문인 듯하다.

제2차 세계 대전 당시 독일 나치에 의해 수십만 명의 유대인들이 갇히어 있던 아우슈비츠 감옥이 있었다. 가스실에서 처형당하기도 하고 고문으로 사망하기도 하고 기아 상태에서 굶어 죽기도 했다고 한다. 그런 중에도 최후까지 버틴 수감자들이 있었다. 뼈만 앙상한 모습으로 살아남은 사람들이 수천 명이었다고 한다.

살아남은 사람들에겐 공통점이 있었다고 한다. 강한 사람들이 아니다. 안정된 짝을 이룬 사람들만이 살아남았다고 한다. 서로 격려하며 함께 자고, 어쩌다 생긴 적은 음식도 나누어 먹고, 서로 보살피는 짝꿍을 이루고 있던 사람들이라는 것이다. 등을 기댈 수 있고 의지할 수 있는 상대가 있는 사람들이 살아남았다는 것이다.

결혼도 마찬가지이다. 서로 격려하며 함께 자고, 보살피는 짝꿍을 이루는 것이다. 이런 것이 얼마나 소중한지는 아우슈비츠 감옥을 비유하지 않아도 알 수 있다. 독일 언론인 프랑크 쉬르마허가 쓴 〈가족, 부활이냐, 몰락이냐?〉에 이런 이야기가 있다.

1846년 겨울, 개척 시대 미국의 시에라 네바다 지역의 산맥을 넘어가다 돈너 계곡에 갇혀 버린 81명의 이야기다. 11월 말, 때 이른 눈(雪)을 만난 이들은 월동 장구도 없이 계곡에 갇혀 버린 것이다. 젊고 팔팔한 독신 남성에서부터 핵가족, 여러 명의 친척을 포함한 대가족, 부자, 가난한 사람, 이민자 등등.

이들은 다음 해 4월 최후의 생존자가 구조될 때까지 무려 다섯 달을 엄동설한의 계곡에 갇혀 살았다. 81명 중 30여 명만이 살아남았다고 한다. 팔팔한 독신 남성도 15명이나 있었다고 한다. 하지만, 이 독신 중 12명이 죽었다. 그중 5명은 싸우다가 총에 맞거나 칼에 찔려 죽는 폭력의 희생자가 되었다.

그러나 가족을 이룬 구성원들의 생존율은 아주 높았다고 한다. 노약자나 어린아이의 생존율도 높았다고 한다. 무려 9명의 대가족 전원이 살아남기도 했다. 12명 중 8명이 살아남은 가족도 있었다고 한다.

많은 희생자 그룹은 독신 남성들이었다. 이런 극한 상황에서 젊고 생명력이 넘치는 독신 남성들, 특히나 자기 외에는 신경 쓰지 않아도 되는 홀가분한 남성들이 더 생존율이 높을 것이라는 상식을 깨 버린 것이다.

65세의 한 노인은 심한 상처를 입고도 다른 젊은 남성들보다 오래 살았다. 그 이유는 아내의 지극한 보살핌 때문이었다고 한다. 놀라운 것은 3월 말경 노인이 죽자, 그때까지 잘 버티던 아내가 이틀 뒤에 죽었다는 것이다. 서로서로 삶을 지탱해 주고 있었다는 확실한 증거다.

가족은 숭고하다. 젊은 나이엔 힘이 있으니 혼자 사는 것이 편하고 즐거울 수 있다. 그러나 짝을 이루고 아이를 낳아 기르며 그 아이들의 성장을 바라보는 일이 얼마나 소중하고 행복한 일인지는 경험해 보지 않으면 모른다. 부모 세대가 그리했듯이 결혼하여 아이를 갖고 비록 가난했더라도 함께 울고 웃으며 가정을 이루며, 자신을 닮은 자녀들이 성장하는 모습을 바라보는 일이 바로 행복이다.

그간 나를 낳고 보살피며 끝없이 사랑을 주던 부모들의 행동을 보라. 자신을 보기만 해도 즐거워하는 부모들을 보라. 왜 그리 눈물겹도록 사랑해줄까. 결혼하고 자식을 낳으며 사랑해 보기 전에는 모른다.

지구상의 모든 동물은 짝을 이루고 사랑하며 후손을 생산한다. 그리곤 그 후손이 잘 살아갈 수 있도록 보살피고 노력하며 행복해하는 공통점이 있다. 수만 년 동안 지속되어 온 지구 동물들의 삶이다.

인구 절벽으로 한국이란 나라가 없어질지도 모른다는 우려가 있다. 아이를 낳는 여성에게 국가에서 인센티브라도 주어야 한다고 생각한다. 각종 국가고시에 아이를 가진 숫자만큼 가산점이라도 주는 특혜라도 주면 좋겠다. 아이를 가진 여성이 살기 좋은 나라로 만들어야 한다. 인구 절벽 앞에 선 한국의 과제다.

제 4 장

행복의 저울

행복의 저울

　미국 하버드대학에서 심리학 박사 학위를 받은 중국의 장샤오형(張笑恒)은 중국 베스트셀러 작가 중 한 사람이다. 그의 저서〈느리게 더 느리게〉중에 이런 이야기가 있다.
　오바마가 미국 대통령으로 당선되었을 때, 그의 배다른 동생 마크 오바마 은데산조(Mark Obama Ndesandjo)는 중국 선전에 있는 자신의 양꼬치 가게에서 열심히 고기를 굽고 있었다.
　그의 형이 미국 대통령이라는 사실이 알려지자 모두가 그를 부러워했다. 조만간 가게를 접고 미국으로 넘어가 한자리 차지하지 않겠느냐는 추측도 분분했다. 그러나 은데산조는 놀라울 만큼 아무 반응도 보이지 않았다. 대신 하던 일을 계속하며 사람들에게 말했다.

"형이 대통령인 것이 나랑 무슨 상관입니까? 내 일은 양꼬치를 굽는 것입니다. 나는 손님을 위해 양꼬치를 구울 때 가장 행복하고 즐겁습니다. 만일 형이 중국을 방문해 이 작은 가계에 와 준다면 기꺼이 양꼬치를 구워 대접할 것입니다. 아마 꽤 낭만적이고 재미있는 장면이 연출되겠지요."

그렇게 말하는 은데산조의 눈빛은 단정하고 맑았으며, 진심으로 즐거워 보였다고 한다. 은데산조에게는 대통령의 일과 양꼬치를 굽는 일이 다르지 않았다. 일에서 행복을 찾을 수 있다면 그것으로 된 것이었다.

진심으로 행복한 사람은 설령 가난해도 자신의 삶에 감사할 줄 안다. 이들은 이미 감사함과 즐거움으로 가득한 인생을 살고 있기에 대통령 같은 최고의 자리를 우러러보지 않는다. 또한 이미 행복한 삶을 충분히 누리고 있기에 돈으로 가득한 부자의 주머니를 부러워하지도 않는다.

1924년 어느 더운 여름날, 영국 철학가 버트란드 레셀(Bertrand

Russell)은 중국 쓰완성을 방문했다. 그리곤 쓰완성의 자랑인 아미산을 구경하기로 했다. 그는 동행과 함께 각각 가마를 타고 산에 올랐다. 하지만 아름다운 산세를 감상하는 즐거움은 오래 가지 않았다. 자신이 탄 가마를 메고 땀을 뻘뻘 흘리며 산길을 걸어가는 가마꾼 때문에 마음이 불편해졌다. '이 가마꾼들은 자신의 처지를 비관하고 있을 게 틀림없다.'라고 생각했다.

산허리에 마련된 작은 전망대에 이르러 레셀은 잠시 쉬어가자고 말했다. 그리고 가마에서 내려 그들의 표정을 세심하게 관찰했다.

가마꾼들은 나란히 앉아 담배를 꺼내 물고 이야기를 나누기 시작했다. 레셀은 '뜨거운 날씨나 혹은 고단한 자신의 운명'을 원망할 것으로 생각했다. 그러나 뜻밖에도 가마꾼들은 낄낄거리며 앞다투어 자기 고향에서 유행하는 농담을 늘어놓느라 정신이 없었다. 또 호기심 어린 눈빛으로 레셀에게 나라 밖 사정에 관해 묻기도 했다. 대화를 나누는 동안, 웃음소리도 끊이지 않았다.

그 후 레셀은 이 에피소드를 언급하며 "자신의 기준으로 다른 사람의 행복을 판단하는 것은 매우 잘못"이라는 생각을 갖게 되었다고 한다.

　물질을 쌓아 놓고 사는 부자가 하루하루 소박하게 살아가는 보통 사람보다 행복한 것도 아니다. 물질이나 돈은 행복의 질을 높이기 위한 필요 조건임은 틀림없다. 그렇다고 행복감이 물질적 수준과 정비례하지는 않는다.

　"재물은 소금물 같아서 마시면 마실수록 더욱 목이 마르다."는 말이 있다. 자족할 줄 아는 사람은 욕심도 적다. 빈곤하다고 느끼지도 않는다. 그러나 자족할 수 없는 사람은 남과 자신을 비교하며 자신의 처지를 비관한다. 그러니 언제나 가난하다고 생각한다.

　사람들은 누구나 자신만의 행복의 기준을 가지고 있다. 그 기준이 꼭 물질에만 있는 것이 아니다. 시인의 경우에는 가슴에 울림을 주는 한 편의 아름다운 시를 마무리했을 때 행복하다. 축구 선수에게 한방의 시원한 골이 행복의 저울일 것이다. 어떤 사람은 사랑하는 사람과 함께 할 때 행복할 것이다. 그러고 보면 행복은 자신의 마음가짐에 달려 있다.

　생계를 유지하는 것 자체가 힘들 정도로 가난할 때는 돈이 행복과 기쁨을 가져다준다. 하지만 일단 먹고 사는 문제가 해결되고 나면 수입이 늘어난다고 그로 인한 행복감이 커지지 않는다.

러시아의 대문호 투루게네프(Ivan S. Turgenev)는 "인생에서 가장 아름다운 순간은 천천히 산책을 즐기며 길가에 핀 꽃들을 어루만지는 때다."라고 말했다. 가끔은 걸음을 멈추고 자신을 둘러싼 세상을 바라볼 필요가 있다. 봄에 피는 꽃, 뜨거운 여름에 부는 한줄기 시원한 바람, 하염없이 지는 가을 낙엽, 겨울을 감싸는 포근한 눈(雪). 이 모든 것을 느끼고 바라본다는 것만으로도 살아있는 우리에게 축복이다. 그런 걸 느낄 때 행복도 따라온다.

얀테의 법칙

행복 지수라는 말이 있다. 자신이 얼마나 행복한가를 측정하는 지수이다. 영국의 심리학자 로스웰(Rothwell)과 인생 상담사 코언(Cohen)이 만들어 2002년에 발표한 행복 지수가 대표적이다.

로스웰과 코언은 행복이 인생관·적응력·유연성 등 개인적 특성을 나타내는 P(personal), 건강·돈·인간관계 등 생존 조건을 가리키는 E(existence), 야망·자존심·기대·유머 등 고차원 상태를 의미하는 H(higher order) 등 3가지 요소에 의해 결정되는 것으로 보았다. 이들은 이 3요소를 근거로 행복 지수를 수치로 나타내는 공식을 만든다. 복잡한 계산법은 학자들의 몫이다.

UN은 해마다 200여 국가를 대상으로 인류 행복 지수를 계산해 발표한다. 그런데 해마다 상위권에 올라가는 나라들이 있다. 바로 덴마크, 노르웨이, 스웨덴 등 북유럽 사람들이다. 그중 덴마크 국민은 세계에서 가장 행복을 느끼는 나라로 손꼽힌다. 국민 소득 측면에서 보면 우리나라보다 뒤지는 나라이다. 그런데 국민이 느끼는 행복 지수는 어느 나라보다 크다. 그 이유는 어디에 있을까.

많은 사회학자가 덴마크인이 느끼는 행복 지수에 관해 관찰하기 시작했다. 그중 한 사회학자는 그들 문화에 '얀테의 법칙(Jante Law)'이 있기 때문이라고 말한다. 물론 덴마크가 이상적인 복지와 바람직한 교육 시스템을 갖고 있기는 하다. 하지만 무엇보다 국민 행복의 토대에는 얀테의 법칙이 절대 영향을 주고 있기 때문이라는 것이다. 얀테의 법칙이란 덴마크의 작가가 쓴 소설에 나오는 10개 조 규칙이다. 그 내용은 다음과 같다.

1. 스스로 특별한 사람이라고 생각하지 말라.

2. 내가 다른 사람들보다 좋은 사람이라고 착각하지 말라.

3. 내가 다른 사람들보다 더 똑똑하다고 생각하지 말라.

4. 내가 다른 사람보다 우월하다고 자만하지 말라.

5. 내가 다른 사람보다 더 많이 알고 있다고 생각하지 말라.

6. 내가 다른 사람들보다 더 중요한 위치에 있다고 생각하지 말라.

7. 내가 무엇을 하든지 다 잘할 것이라고 장담하지 말라.

8. 다른 사람을 비웃지 말라.

9. 다른 사람이 나에게 신경 쓰고 있다고 생각하지 말라.

10. 다른 사람을 가르치려 들지 말라.

메시지는 타인에 대한 우월감을 경계하고 있다. 불행의 시초는 우월감이나 열등감에서 시작된다. 한국은 세계 10위의 경제 대국이다. 그런 한국인이 느끼는 행복 지수는 37위이다. 그 연유는 어디에 있을까. 나는 우선 '나와 이웃 간을 비교'하는 데서부터 생겼다고 본다. '사촌이 땅을 사면 배가 아프다.'라는 속담도 있다. 사촌이 땅을 사면 그의 몫인데 왜 내 배가 아픈가. 바로 나와 그를 비교하기 때문이다. 여기에는 우월감과 열등감이 상존한다.

사촌은 남들과 비교해서 내가 특별하다는 생각에서 우월감이

싹트고 상대적으로 거기에 미치지 못한 '나'는 열등감이 생긴 것이다. 남들과 비교하다 보면 교만해지거나 아니면 절망과 우울증으로 불행해진다. 남과 비교하지 않고 마음을 비우고 산다면, 그리고 자신의 주제와 처지를 제대로 알고 살면 불행할 이유가 없다. 남과 자신을 비교해서 우월감을 느끼거나 아니면 열등감을 가진 채 자신을 불행 속으로 몰아넣을 필요가 없다.

덴마크 국민이 행복한 이유는 결코 남보다 많이 잘나거나 부유해서 아니라 '사람은 누구나가 다 존귀하다'라는 가치관을 바탕으로 상대방에 대한 존중과 배려의 마음으로 살아가기 때문이다.

삶이란 누구나 비슷하다. 그리 특별할 것도 한탄할 것도 없다. 아이 낳고 키우며 그 아이들이 행복하기를 바라며 이 땅에서 살다가 죽어서 흙으로 돌아간다. 그뿐이다. 사랑하는 사람들과 토닥거리며 미미한 힘으로 가족을 위해 최선을 다하는 삶. 일상의 소소한 일에 행복을 느끼며 사는 삶. 그렇게 흘러가는 평범한 삶이다.

사람은 태어날 때 신은 누구에게나 어떤 역할이 주었다고 본다. 지금 내가 하는 일이 바로 나에게 준 역할이다. 나에게 준 역할이 남과 다르다고 해서 부러워하거나 질투하거나 불행하다고 느낄 필요도 없다. 다만 다를 뿐이다. 그저 최선을 다할 뿐이다. 이 평범한 생각이 행복을 느끼는 단초다.

쥐들의 위계질서

소설 〈개미〉로 우리에게 친숙한 프랑스의 베르나르 베르베르는 위기의 인류 문명을 우화적으로 쓴 〈문명〉이라는 소설을 출간했다. 내용 중 '쥐들의 위계질서'라는 항목에 이런 이야기가 있다.

로렌대학교 낭시 캠퍼스에 있는 행동 생물학 연구소의 디디에 드소르 교수는 쥐의 수영 능력을 테스트하기 위해 쥐 여섯 마리를 우리 하나에 가두었다.

우리의 문은 하나뿐이고 문을 열고 나오면 바로 수영장으로 통하게 되어 있었다. 먹이를 나눠주는 사료통은 수영장 건너편에 있었다. 따라서 쥐들이 먹이를 구하기 위해서는 헤엄을 쳐서 수영장을 건너야 했다.

실험 시작 후 흥미로운 사실이 관찰되었다. 쥐들이 먹이를 찾아 한꺼번에 물로 뛰어들지 않았다. 자기들끼리 역할을 분배한 듯한 행동을 보인 것이다.

쥐들은 수영하며 먹이를 구해 오는 피착취형 두 마리, 수영하지 않고 애써 수영하며 구해 온 먹이를 빼앗은 착취형 두 마리. 단독 행동하는 한 마리. 이것도 저것도 못 하는 잉여형 한 마리, 이렇게 네 부류로 나누어졌다.

먼저 피착취형에 속하는 두 마리 쥐가 먹이를 구하기 위해 물속으로 뛰어들었다. 그들이 먹이를 구해 우리로 돌아오자, 착취형 쥐 두 마리가 그들을 공격해서 애써 가져온 먹이 빼앗아 먹는 것이다. 착취형 쥐들이 배불리 먹고 남으면 피착취형 쥐들이 먹게 해주었다. 착취자들은 헤엄을 치는 법이 없었다. 그저 헤엄치는 쥐들을 때려서 먹이를 빼앗기만 하면 되는 것이다.

단독 행동을 하는 독립형 쥐는 튼튼하고 힘이 세기 때문에 스스로 헤엄을 쳐서 먹이를 가져올 뿐만 아니라 착취자들의 압력에 아랑곳하지 않고 노동의 대가를 온전히 누렸다. 끝으로 남은 잉여형인 천덕꾸러기 쥐는 헤엄을 칠 줄도 모르고 헤엄치는 쥐들에게 겁을 줄 수도 없었다. 그러니 그저 다른 쥐들이 싸우다가 떨어뜨린 부스러기나 주워 먹을 수밖에 없었다.

드소르 교수는 쥐들의 위계질서를 좀 더 자세히 살펴보기 위해 스무 개의 우리를 만들어 똑같은 실험을 해보았다.

착취형에 속하는 쥐 여섯 마리를 따로 모아서 우리에 넣었다. 그 쥐들은 밤새도록 싸웠다. 다음 날 아침이 되자, 그들의 역할은 똑같은 방식으로 나뉘어 있었다.

피착취형이나 독립형이나 천덕꾸러기형에 속하는 쥐들을 유형별로 여섯 마리씩 모아서 같은 우리에 넣어 보았다. 모두 같은 결과가 나타났다.

드소르 교수는 똑같은 실험을, 규모를 늘려 다시 해보기로 했다. 커다란 우리에 2백 마리의 쥐들을 넣어서 실험을 계속했다. 쥐들은 밤새도록 싸움을 벌였다. 이튿날 아침 세 마리의 쥐가 털가죽이 벗겨진 처참한 모습으로 발견되었다.

개체 수가 증가할수록 천덕꾸러기형의 쥐들에 대한 학대가 가혹해진다는 것을 보여 주고 있었다. 또 대형 우리 속의 착취형 쥐들은 우두머리를 따로 추대하는 것이다. 그리고 그 우두머리에 기대 착취형의 지위를 유지하고 있다.

연구자들은 이 실험의 연장선에서 쥐들의 뇌를 분석해 보았다. 그 결과 가장 스트레스를 많이 받은 쥐는 천덕꾸러기나 피착취형 쥐들이 아니라 바로 착취형 쥐들이었다고 한다. 이들은 착취자들은 특권적인 지위를 잃고 노역에 종사해야 하는 날이 올까 봐 전전긍긍하고 있다.

이 글을 읽으면서 인간 세계도 본능으로 움직이는 쥐의 세계와 별다른 것이 없다고 생각했다. 인간 세계의 집단들도 피착취형, 착취형, 독립형, 천덕꾸러기 형으로 나누어져 있다고 생각했다. 그렇다면 나는 어느 부류에 속하는가.

인간들도 무리가 늘면 쥐들이 하는 것처럼 우두머리를 선출한다. 그리곤 그 우두머리에 기대 착취자의 지위를 누리며 악행도 서슴없이 자행하는 부류들이 있다.

정치인들을 포함한 소위 착취형 인간들을 보자. 자신의 위치를 고수하기 위해 거짓말을 일삼으며 뻔뻔한 얼굴로 라디오나

TV에 얼굴 내밀고 있지 않은가. 본인들도 알고는 있을 것이다. 자신의 언행이 단지 착취자 지위를 잃지 않으려는 몸부림이라는 것을. 그들이 받는 스트레스는 평범한 삶을 사는 우리 같은 사람들과는 다르다.

 인간의 생명은 영원하지 않다. 죽음 앞에 직면할 것이다. 장례식장에 찾아온 조문객들이 고인에 대하여 어떤 이야기가 나올지 생각해 보라. 사자(死者)에 대한 평가의 기준은 그의 인품이나 삶의 태도에 있을 것이다.

알퐁스 도데와 비제

알퐁스 도데(1840~1897)는 프랑스 작가다. 프랑스 남부 프로방스의 아름다움을 담아낸 〈풍차 방앗간의 편지〉, 한 목동의 청순하고 순수한 사랑을 그린 〈별〉, 1870년 프랑스 프로이젠 전쟁을 체험으로 쓴 〈마지막 수업〉, 〈소년 간첩〉 등은 우리에게 친숙한 작품들이다. 1960년대 교과서에 그의 작품이 실리면서 감수성 예민한 청소년들의 가슴을 흔들며 많은 문학 지망생을 만들기도 했다.

그는 1872년 한 청년의 비극적 사랑을 그린 〈아를의 여인〉을 발표한다. 부유한 농가의 순진한 청년 프레데리는 매혹적이지만 자유분방한 집시 아를과 사랑에 빠진다. 하지만 프레데리 집안 사람들은 집시 여인의 불순한 과거를 이유로 둘의 사이를 완강히 반대한다. 그런 데다 목장 지기 미티피오라는 자가 찾아와 자신이 그 여인과 내연 관계라 털어놓으면서 둘의 결혼을 방해한다. 어찌할 바 모르던 프레데리는 결국 자신을 사모하는 어린 시절의 친구 비베트와 약혼한다. 그러나 프레데리는 비베트와의 결혼식 전날 밤 벌어진 축하 파티에서 춤추는 아를을 보고, 애끓는 마음을 주체할 수 없어 곡물창고 창문에서 뛰어내려 자살하고 만다. 비극적인 작품이다.

알퐁스 도데와 절친인 작곡가 조르쥬 비제(1838~1875)는 여기에 곡을 붙였다. 아름답고 우아한 곡으로 현재 많은 연주가로부터 사랑을 받는 곡이지만, 발표 당시 전쟁에 상처받고 있던 프랑스 사람들은 퇴폐적이고 선정적이라 혹평하며 외면한다.

그러나 피아니스트이기도 한 도데의 부인은 이 곡을 계속 연주하면서 사랑하고 있었다. 도데는 실의에 빠진 비제에게 "아내가 그대의 음악을 연주할 때 나는 가장 행복하다."라고 편지하며 위로하기도 했다.

용기를 얻은 비제는 스페인을 무대로 한 메리메(1803~1870)의 〈카르멘〉에 곡을 붙인다. 자유분방한 집시 여인 카르멘을 사랑하는 군인 돈 호세 와 투우사와의 비극적 삼각연애를 다룬 오페라이다. 〈전주곡〉을 위시해 〈하바네라〉, 〈투우사의 노래〉, 〈나에게 던져준 이 꽃은〉 등 유명한 아리아가 많은 작품으로 현재 세계 곳곳에서 많이 연주되는 오페라 중 하나다. 하지만 1875년 3월 3일 파리 오페라 코미크 극장에서 초연되었을 때는 부도덕하고 난잡하고 퇴폐적이라 비난받으며 실패한다.

당시 프랑스에서 오페라는 지금의 극장처럼 온 가족이 다 같이 나들이하거나, 모임을 하는 데 주로 이용되는 곳이었다. 그 시대의 영화관인 셈이다. 그 당시 소수민족인 집시를 주인공으로, 그것도 살인으로 막을 내리는 오페라는 당시로썬 상당한 파격이었다. 분노한 관객들이 무대 위로 토마토를 던지기도 했다고 한다. 〈아를의 여인〉에 이어 야심작으로 만든 오페라도 실패하자 실망한 비제는 〈카르멘〉 초연 3개월 뒤 37세의 젊은 나이에 심장 마비로 사망하고 만다. 비제는 살아생전 찬사를 받지 못한 채 그렇게 일생을 마감한다.

누구보다 실망한 사람은 알퐁스 도데다. 비제의 음악에 대한 깊은 이해와 천재성을 알고 있는 도데는 비제의 제자들과 함께 이 대작을 다시 무대에 올릴 준비를 한다. 그리고 3년 후 도데의 노력으로 재공연 된다. 재공연은 대성공이었다. 환호하는 관객들은 도데를 무대로 불러 세웠다. 그러나 도데는 별 반응을 보이지 않고 무대를 내려와 곧바로 비제의 무덤으로 가 이렇게 말한다. "비제. 무지한 파리 시민들이 이제야 당신의 음악을 이해하고 있다네."

그 당시 초연으로 끝이 난 오페라는 많았다. 그러나 알퐁스 도데에 의해 재공연된 카르멘은 그 후 성공을 거듭한다. 바그너, 브람스 등 많은 음악가가 카르멘을 격찬한다. 이를 계기로 카르멘은 브뤼셀, 상트페테르부르크, 뉴욕 등 각 도시에서 상연되며 세계적인 레퍼토리로 입지를 굳히고 있다. 대중적인 인지도로도 최상이라 할 정도로 유명한 오페라가 되었다.

예술가들이 살아생전 빛을 보지 못하는 작품들이 한둘이 아니다. 비제도 도데도 지금 세상에 없다. 그러나 그들이 남긴 작품은 아직도 살아 숨 쉬며 우리 주변을 맴돌고 있다. 지금도 많은 음악가가 문인들의 작품에서 영감을 얻고 있다. 찬사받지 못하면서도 열심히 작품들을 생산하고 있다. 빛을 볼 수 없을지라도 열심히 창작에 몰두하는 예술인들에게 들려주고 싶은 알퐁스 도데와 비제의 우정 이야기이다.

세네카의 화에 대하여

기원전 4세기 로마의 정치인이며 철학자인 루키우스 안나이우스 세네카는 로마 폭군 네로의 어린 시절부터 그의 스승이었다. 네로가 황제로 즉위한 처음 5년 동안은 선정을 베풀었다고 한다. 하지만 해를 거듭할수록 점차 변하기 시작했다. 두 명의 아내, 이복형제, 그리고 어머니마저 살해하는 등 점차 광기로 얼룩진 잔혹성을 보였다.

세네카는 네로가 이미 자신이 지탱해 줄 수 없을 지경까지 타락해 버렸다고 생각했다. 자연 네로와 불편한 관계를 이어갈 수밖에 없었다. 세네카는 자신이 죽기 전 3년 동안 고뇌의 시간을 보낸다. 이때 네로에게 충고하는 '관용에 대하여'를 쓰기도 했다.

우여곡절 끝에 세네카는 은퇴하여 로마 외곽에 거주하게 되었다. 그러던 중 원로원 의원, 기사, 장교, 철학자 등 다양한 사람들이 네로를 암살하기로 한 피소의 음모에 동참한다. 반란에 연루되었다고 의심한 네로는 그에게 자살을 명령한다. 세네카는 의연하게 목숨을 끊는다. 그래서 세네카의 죽음은 소크라테스의 죽음과 함께 철학적 죽음의 상징으로 평가한다.

키케로와 함께 로마 최대의 철학자로 평가받는 세네카는 관용을 망각하고 적의와 분노가 소용돌이치는 로마 시대에 많은 철학적 저서를 낸다. 그 중 〈화에 대하여〉라는 저서가 있다.

당시 로마는 풍요롭고 사치스러웠다. 삶이 여유롭고 호화로우면 걱정이 없을 것 같지만 사실은 그 반대였다. 귀족들은 툭하면 화를 내고 노예가 조금이라도 실수하면 무자비하게 처형하기도 했다. 화가 원인이 되어 분노하고, 분노에 대한 복수가 만연했었다고 한다.

풍요와 안락에 대한 기대치가 높으면 불평도 많고 화도 더 잘 내게 된다고 한다. 당시 로마가 그랬다. 그런데 이런 현상은 현대도 마찬가지이다. 풍요로운데 오히려 불평불만이 많다고 한다. 비행기 탑승객만 해도 그렇다. 이코노미석 승객은 좀 불편해도 참는 편이다. 하지만 일등석 손님은 불평도 많고 요구 사항도 까다로우며 화도 잘 낸다고 한다.

지금 한국 사회도 로마 시대의 호화로움에 못지않게 풍요를 누리고 있다. 세계 어느 나라도 우리처럼 잘사는 나라도 드물다. 그런데도 국민은 불평불만이 많다. 툭하면 화를 낸다. 폭력도 난무한다. 반세기 전만 해도 이성(理性)에 의한 도덕성이 살아 있었다. 그런데 지금은 범죄조차 끔찍할 뿐만 아니라 도덕적 가치도 무너진듯하다.

세네카는 말했다. 우리가 화를 내는 연유는 무엇일까. 최대 원인은 "나는 잘못한 게 없다."라는 생각 즉 "나는 죄가 없다." 혹은 "나는 아무 짓도 하지 않았다."라는 생각이라고 한다. 하지만 이는 우리가 자신의 잘못을 인정하지 않는 것뿐이다. 그리고 화를 낸다. 이는 자신의 무지와 오만함이다. 우리 정치권에서 흔히 보는 일이다. 세네카는 화를 내서 승리하는 것은 결국 지는 것이라고 말한다.

화는 종종 우리를 찾아온다. 그러나 사실 우리가 찾아가는 경우가 더 많다. 우리 스스로 화를 불러오는 일은 없어야 한다. 그러기 위해 마음의 화를 없애고 제어해야 한다.

살다 보면 얼마든지 나쁜 일이 일어날 수 있다. 실제로 그런 일이 벌어졌을 때 그로 인한 타격을 줄이는 길은 고요한 명상을 통해 충분한 마음의 준비를 하는 것이다. 화가 났을 때 우리는 자신의 얼굴을 거울로 보는 만으로도 큰 도움이 된다. 자기 모습이 그렇게까지 달라질 수 있다는데 충격을 받을 것이다.

화는 순간의 광기이다. 한순간에 자제심을 잃고 품위도 내동댕이치고 인간적 유대 따위는 아랑곳없다. 스스로 시작한 일이 무엇이든, 오로지 그것 만에만 눈이 멀어 이성과 충고에 귀를 닫고 하찮은 이유로 격분한다. 무엇이 옳은지 그른지 알아보지 못하기 때문이다. 분별력을 잃고 자신의 태도에 대하여 주의를 기울이지도 못한다. 결국, 주변으로부터 소외만 당할 뿐이다.

배신자가 오히려 남들에게 신의를 지킬 것을 요구한다. 남의 거짓말에는 끝까지 추적하는 사람이 자신의 위증은 밥 먹듯이 한다. 자신의 방탕에는 한없이 관대한 사람이 남의 조그만 흠에는 추상같이 질책한다. 한국 정치 사회를 포함해 한국 사회에 만연한 현실이다.

세네카는 또 이렇게 말했다. "화가 당신을 버리기 전에 당신이 먼저 화를 버려라. 그동안 다른 사람을 괴롭히고 자신을 괴롭히며 고통을 안겨 준 화. 화를 내며 보내기에는 우리 인생이 너무 짧다. 화를 내는 것이 속은 시원할지 모르지만, 주변 사람에게는 당신의 인품에 대한 실망만 남길 뿐이다." 누군가 미소를 지으면 우리도 따라 미소 짓듯, 화를 내면 상대도 따라 화를 낸다. 화 대신 미소 지어라. 어지러운 시국에 세네카의 말을 되새김해 본다.

확증 편향

미국의 한 연구소에서 다음과 같은 실험을 했다고 한다. 연구원은 뉴욕시에 있는 어느 지하철역에서 사진을 한 장 찍었다고 했다. 사진에는 두 명의 남자가 서 있었는데, 한 명은 백인이고 다른 한 명은 흑인이라고 했다.

두 명 중 한 사람은 양복 차림이었고 다른 한 사람은 작업복 차림이었다고 밝힌 후, 한 사람은 칼을 들고 위협하고 있었고 다른 한 사람은 겁에 질려 칼을 든 사람에게 돈을 꺼내주고 있는 사진이라고 설명했다. 그리곤 두 사람의 신분을 기록하라고 했다.

설문지의 결과는 대단히 놀라웠다. 중산층 백인들의 응답은 모두 같았다. 칼을 들고 상대방을 위협하며 돈을 뺏는 강도는 흑인 노동자이고 돈을 건네주는 사람은 백인이라고 대답한 것이다.

응답이 끝나고 사진을 공개하자 사진을 본 백인들은 자신의 눈을 의심했다. 왜냐하면, 말끔한 정장 차림의 양복을 입은 회사 중역은 흑인이었고 작업복 차림으로 칼을 들고 돈을 뺏는 강도는 백인이었기 때문이다.

현재 미국 사회에서 흑인의 역할은 상당한 위치에 와 있다. 흑인인 버락 후세인 오바마(Barack H Obama)가 대통령이 되기도 했다. 첫 흑인 뉴욕 주지사였던 데이비드 알렉산더 패터슨(David A Paterson), 미 국무장관 콜린 파월(Colin L Powell), 인형처럼 귀여운 외모의 백악관 최초의 대변인 카린 장 피에르(Karine J Pierre), 그 외 많은 흑인이 미국 사회를 이끄는 지도자 반열에 있다.

범죄율에서도 흑백 간 차이는 별로 없다고 한다. 그런데도 많은 백인 중산층은 여전히 흑인들은 범죄에 가깝게 있으리라고 생각하는 경향이 있다. 왜 그럴까. 그렇게 믿고 생각하고 있기 때문이다.

심리학 용어로 확증편향(Confirmation bias)이라는 말이 있다. 인간들은 보고 싶은 것만 듣고, 믿고 싶은 것만 믿는 경향이 있다고 한다. 이를 확증편향이라고 한다. 자신의 가치관이나 신념, 판단 등과 부합하는 정보에만 주목한다. 자신이 생각하는 신념과 다른 내용은 아예 들으려 하지 않는다는 것이다.

이런 확증편향이 강한 사람일수록 자신의 잘못된 생각을 고치려 노력하지도 않는다. 자신이 믿고 있는 것, 내가 보는 것, 내가 아는 것만 진리라고 생각한다. 그러나 내가 보고 듣는 것이 전부가 아니다. 내가 아는 것보다 못 보는 게 훨씬 많다는 것도 알아야 한다.

내가 주장하는 신념이 잘못된 생각일 수도 있다는 것도 인지해야 한다. 신념만 강하면 무식한 바보 되기에 십상이다. 겸손한 마음으로 무지함이나 부족함을 인정하고 다른 사람의 의견이나 주장에 귀를 기울일 줄도 알아야 한다.

지금 대한민국이 이런 점에서 문제점이 많다. 사회는 좌우로 극명하게 갈려져 있다. 진보니, 보수니 하며 편을 갈라 죽기 살기로 싸우고 있다. 자신의 신념과 다른 의견은 아예 들으려 하지도 않는다. 성행하는 유튜브(YouTube)에서도 자신이 듣고 싶은 이야기만 들으려 한다. 극과 극으로 치달아 자신과 의견이 다르면 아예 밥도 같이 먹으려 하지도 않는다고 한다.

어쩌다 이 지경까지 되었는지는 몰라도 한국 사회의 큰 병폐다. 더욱 냉정해야 한다. 내 생각이 틀렸을 수도 있다는 것을 알아야 한다. 잘못 판단했을 수도 있다는 것을 알아야 한다.

이번 총선에서도 한국 사회는 심한 확증편향을 보여 주고 있다. 아무리 큰 결함이 있는 후보라도 내 편이라고 생각하면 그냥 선택한다.

세종대왕은 나라를 통치하는 데 4가지 덕목이 꼭 필요하다고 했다. 바로 예禮. 의儀. 염廉. 치恥. 다. 판정승 등은 물론 주요한 위치에 있는 사람들에겐 이 네 가지 덕목을 중요하게 보았다.

'예'란 상대방을 존중하여 공손하게 대하는 것을 말한다. '의'란 옳고 그름을 잘 판단하여 바르게 행동함을 말한다. '예의가 없다.'라고 하는 것은 상대방을 존중하지도 않고 옳고 그름도 판단하지 못하는 사람을 말한다.

'염'은 청렴함을 말하고 '치'는 부끄러움을 말한다. '염치가 없다.'라는 말은 청렴하지도 않은 게 부끄러움도 모른다는 말이다.

  이 중 한 가지라도 덕목이 갖추지 못한 사람이 통치할 경우, 나라는 늘 시끄러워진다고 했다. 두 가지 덕목이 갖추어지지 않은 사람이 통치할 경우, 나라는 혼란스러워진다고 했다. 네 가지 덕목 모두가 부족한 사람이 통치할 경우, 그 나라는 망해 버린다고 했다. 그런데 우리나라 정치인 중에 예.의.염.치.가 없는 사람들이 참으로 많기도 하다.

야생마 엔딩

아프리카 초원의 야생말은 흡혈박쥐를 제일 무서워한다고 한다. 흡혈박쥐는 동물의 피를 빨아먹으며 산다. 늘 야생마의 다리에 달라붙어 말이 아무리 화를 내도 끝까지 태연하게 피를 빨아먹고 나서야 떠난다고 한다. 흡혈박쥐를 가지고 있는 말은 어떤 방법을 써도 결국 산 채로 죽음을 맞는다고 한다.

그러나 동물학자들의 연구에 따르면 흡혈박쥐가 빨아 먹는 피는 극소량이며 야생마에게 전혀 치명적이지 않다는 것이다. 그런데 어찌하여 야생마는 목숨을 잃는가. 진짜 이유는 흡혈박쥐에 당한 이후 분노 때문이라는 것이다.

흡혈박쥐는 직접 야생마가 죽음에 이르도록 피를 빨아 먹은 것이 아니다. 흡혈박쥐는 야생마의 죽음을 유인한 셈이다. 야생마는 흡혈박쥐가 자신의 몸에 달라붙어 피를 빤다는 사실에 분노하여 격렬한 반응을 보인 것이 사망의 직접적 원인이라는 것이다.

심리학자들은 이에 따라 사소한 일로 크게 화를 내거나, 다른 사람의 과실로 자신에게 해를 입히는 현상을 '야생마 엔딩'이라고 부르기 시작했다.

의학 심리학자들도 비슷한 실험을 진행한 적이 있다. 배고픈 개 한 마리를 철창에 가둔 후 철창 밖에서 다른 개가 그 앞에서 고기를 먹게 한 것이다. 결국, 철창 안의 개는 기아 상태로 인한 병리 반응이 나타나기도 전에 이미 조급함을 느끼며 질투와 분노의 감정에 사로잡혀 노이로제 같은 병적인 반응을 보인다는 것이다.

사실 질투나 분노는 정상적인 감정 반응이라 할 수 있다. 그러나 질투에 쌓인 분노는 몸은 경직시킨다. 이성적 사고보다 감정적 사고로 공격적 태세를 보이게 된다. 이런 분노는 심장병을 유발하고 식욕 저하의 원인이 되기도 한다. 분노로 인해 다른 병에 걸릴 가능성도 커진다. 분노는 일종의 자살 행위나 다름없다.

　분노를 자주 느끼는 사람은 마음이 평안한 사람보다 동맥 경화에 걸릴 확률이 거의 세배나 높다고 한다. 의사들은 말한다. "분노를 자제하지 않으면 고혈압과 심장병이 따라올 것이다." 아프리카 초원의 야생마가 흡혈박쥐가 빨아 먹는 극소량의 피에 분노하여 화를 내며 죽는 것과 다를 바 없다.

　남에 대한 강한 질투심도 분노를 부른다. 질투심은 열등감의 발로다. 자신감 넘치는 사람은 자기보다 잘난 사람을 봐도 질투하지 않는다. 그러나 열등감에 쌓인 사람은 자신이 남들보다 못하다는 생각이 은연중에 쌓여 자신을 부정하고 다른 사람에게 화를 내며 쉽게 분노한다.

　화려한 생활과 높은 사회적 지위를 부러워하고 좋은 차를 손에 넣고 싶다는 허영심이 생겼을 때, 질투심도 생겨난다. '왜 남들은 가능한데 나는 불가능하지'하는 푸념을 늘어놓을 때 질투심도 생겨나기 시작한다. 자신이 능력이 부족한 것은 인정하지 않고 잘난 사람을 시기한다. 스스로 못났다고 생각하며 열등감에 빠진다.

열등감과 분노는 형제처럼 닮았다. 열등감은 자신이 남보다 못하다는 생각이 은연중에 쌓여 단순한 농담에도 '나를 무시한다.'라고 생각해 쉽게 화를 내며 분노한다. 열등감에 빠진 사람이 남을 질투하는 것은 그보다 잘난 사람이 되고 싶기 때문이다. 남보다 뒤처진다는 사실을 인지하며 질투심에 불타 남의 밥에 재를 뿌리는 일을 종종 한다. 강한 질투심은 분노를 부르고 이성을 잃게 만든다. 질투심에 눈이 멀면 상상할 수 없는 결과를 초래할 수 있다.

또한, 질투와 분노는 욕망이 큰 사람들의 특징이다. 욕망을 달성하지 못하면 쉽게 분노한다. 끝없는 욕망은 채워지지 않는다. 탐욕스러운 자는 결코 행복해질 수 없다. 욕망은 줄어들수록 행복도 커진다. 욕망이 많아질수록 열등감은 커지고 마음은 가난해진다. 나보다 더 많이 가진 사람을 증오하거나 질투하며 분노한다. 때로는 범죄를 일으키기도 한다.

남들과 비교하지 말고 스스로 통제할 수 있어야 한다. 많이 가져서 행복하고 작게 가져서 불행한 것이 아니다. 정도를 알고 자신의 그릇을 아는 사람은 성공할 수도, 행복할 수도 있다.

자신에 대하여 확신을 가질 필요가 있다. 남보다 뛰어난 자기만의 장점을 찾기 노력해야 한다. 분노로 상대를 밟고 괴롭히기보다 자신의 가치와 소양을 높이는 것이 중요하다.

우매한 야생마처럼 사소한 일로 크게 화를 내거나, 다른 사람의 과실로 자신에게 해를 입히는 '야생마 엔딩' 현상은 없어야 한다.

친구를 위한 변명

공자는 말했다. "술 마실 때 형 동생 하는 친구는 많아도 급하고 어려울 때 도움을 주는 친구는 하나도 없다." 살면서 외롭고 힘들 때 따뜻한 차 한 잔에 우정과 마음을 담아주는 친구가 내 곁에 몇 명이나 있나? 힘들 때 손잡아주는 친구가 있다면 당신은 이미 행복한 사람이다. 살아가는 동안 우리는 많은 사람을 만나고 이별하면서 살고 있다. 학창 시절 함께 웃고 울던 친구도 졸업하고 환경이 달라지면서 못 만나는 친구들이 있는가 하면 오래도록 우정을 유지하는 친구도 있다.

한 사람의 인격을 보려면 그 사람 주변에 있는 친구들의 됨됨

이를 보라는 말이 있다. "도둑이 친구라면 그가 도둑이 될 확률이 높다. 친구 중에 현자가 있다며 그 역시 현자가 될 확률이 높다." 옛 성현들의 말이다.

어떤 친구들과 교분을 갖느냐에 따라 일생을 살아가는 데 영향을 미친다. 친구 잘못 두어 함께 타락했다는 예도 흔히 본다. 친구도 잘 사귀어야 한다. 친구를 사귀다 보면 좋은 친구도 있고 나쁜 친구도 있다. 나쁜 친구는 슬기롭게 걸러내야 하고 좋은 친구는 더욱 정을 나누는 것이 현명하다.

살면서 주변에 스치던 친구들을 보면서 이런 친구들은 멀리해야겠다는 기준도 생기기 시작했다. 내 삶에 영향을 주었던 사람들과 풍파를 함께 하면서 이런 친구는 조심하는 게 좋겠다는 생각도 하게 되었다. 그런데 조심하면서 만나는 사람이라면 이미 친구가 아니다. 예를 들어 보자.

귓속말 즐기는 사람이다. 특히 많은 사람 앞에서 귓속말하는 사람이다. 남 앞에서 당신과 특별히 가깝다는 것을 과시하려는 의도가 다분하다. 남에게 할 수 없는 말을 당신에게만 하는 듯 친근한 인상을 받겠지만 대체로 귓속말 내용도 별것이 아니다.

그와 친분이 깊다는 것을 다른 사람에 인식시킬 뿐이다. 평판이 안 좋은 사람이면 당신도 함께 매도된다. 당신이 지위가 좀 있을 때 그런 사람이 종종 생긴다. 상황이 바뀌면 그런 사람이 먼저 변한다. 비굴한 사람일 경우가 많다. 다른 사람에게 귓속말로 당신 이야기를 할 개연성도 많다. 자신이 한 말도 쉽게 부정한다. 들은 사람이 없기 때문이다.

남의 말을 전하는 사람, 남의 단점만 찾아내 이야기하는 사람도 마찬가지다. 그런 친구에게 당신의 속내를 드러내지 않아야 한다. 약점이라도 잡히면 다른 사람에게 당신을 흉보며 이야기를 할 사람이다. 듣기에는 재미있을지 모르지만, 화제 대상인 사람의 입장에서 보면 기가 찰 노릇이다.

지나치게 친절한 사람도 경계 대상이다. 당신에게 어떤 목적이 있다. 나의 별것도 아닌 일에도 무슨 큰 변고라도 난 듯 화들짝 놀라면서 염려하는 언행을 일삼는다. 변덕스럽다. 수년 동안 입안의 혀처럼 주변에서 어른거리지만, 결정적 순간에 당신을 배신할 확률이 높다. 그런 친구에게 한 번에 많은 돈을 잃은 사람을 본다. 목적을 달성하면 사라질 친구다.

같이 있기에 불편한 친구들이 있다. 우선 열등감이 심한 친구다. 공격적이다. 아무도 그리 생각하지 않는데 스스로 열등감에 쌓여 별거 아닌 말에도 쉽게 화를 낸다. 남이 자신을 무시한다고 생각한다. 언제라도 그의 마음에 부합되지 않으면 불같이 화를 낸다. 말도 조심해야 한다. 불편하다.

지나치게 인색한 사람이 있다. 자신을 위해서는 아끼지 않고 펑펑 쓰면서 남에게는 커피 한 잔 사지 않는 사람이다. 없어서가 아니다. 고급 차 타고 으스대며, 있는 척하지만, 남에게는 인색하다. 그러나 남이 사는 점심에는 먼저 얼굴 내민다. 내가 어려움에 닥치면 먼저 고개 돌릴 친구다.

평소에 연락이 없던 옛 친구가 갑자기 찾아와 친한 척하는 경우가 있다. 대체로 돈을 빌려 달라고 할 것이다. 이때 냉정해야 한다. 오랜 인연이 있어 그럴 수 없다면 받으려 하지 말고 줄 수 있는 만큼만 주어라. 그런데 한번 생각해 보라. 당신의 형제자매에게도 그리했는지.

친구는 꼭 사람이어야만 하는가? 내가 즐겨 보는 '나는 자연인이다.'라는 TV 프로에는 사람에게 상처받은 주인공들이 산과 바다, 하늘과 별 등 자연을 친구 삼아 사는 사람들이 주연이다. 꽃과 나무, 계곡을 흐르는 물, 개나 고양이 등 거짓말이나 귓속말 하지 않으며 변하지 않는 동식물이 친구다.

친구란 어제가 오늘인 듯 내일도 오늘인 듯 변함없이 그냥 흐르는 물과 같아야 한다. 내 상황이 바뀌어도 변하지 않는 친구가 좋은 친구다.

기러기 여로旅路

　겨울 하늘을 나는 기러기 행렬은 가슴 시리도록 아름답다. 하늘을 화판 삼아 난(蘭)이라도 치듯 그림을 그리며 난다. 하지만 먹이를 찾아 따뜻한 땅으로 1만 km 넘게 죽음을 불사하며 나는 기러기 여로는 자못 비장하다. 조류학자 톰 워샴(Tom Worsham)은 기러기에 관해 이렇게 말했다.
　"기러기는 다른 짐승들처럼 한 마리의 보스가 지배하고 그에 의존하는 그런 사회가 아니다. 기러기가 리더를 중심으로 V 자 대형을 유지하며 삶의 터전을 찾아 머나먼 여행을 할 때 가장 앞에서 나는 리더에게는 엄청난 에너지가 필요하다. 양력을 만들어 뒤따라오는 동료들이 혼자 날 때보다 70% 정도의 힘으로 날 수 있도록 맨 앞에서 온몸으로 바람과 마주하며 용을 쓰며 난다. 그 뒤를 따르는 기러기들은 먼 길을 날아가는 동안 끊임없이 울음소리를 낸다. 앞에서 거센 바람을 가르며 힘겹게 날아가는 리더에게 보내는 응원의 소리다.

만일 어느 기러기가 총에 맞거나 아프거나 지쳐서 대열에서 이탈하게 되면 다른 동료 기러기 2마리도 함께 대열에서 이탈해 지친 동료가 원기를 회복해서 다시 날 수 있을 때까지, 또는 죽음으로 생을 마감할 때까지 동료의 마지막을 함께 지키다 무리로 다시 돌아온다고 한다.

제일 앞에서 나는 기러기가 지치고 힘들어지면 그 뒤의 기러기가 앞으로 나와 서로 순서를 바꾸어 리더의 역할을 하며 길을 찾아 날아간다.

기러기의 여로는 서울에서 부산을 왕복 20번에 해당하는 머나먼 길을 옆에서 날개짓하는 동료와 '함께' 서로 의지하며 날아간다. 어쩌면 미물인 새가 이럴 수 있을까?

이렇게 서로 돕는 슬기와 독특한 비행 기술이 없다면 기러기

떼는 매일 수백 km를 날면서 해마다 수천 km를 이동하는 비행에 성공하지 못할 것이다. 기러기는 상하의 질서를 지키며 날아갈 때도 이를 시행 한다고 한다.

인간보다 우월하다. 여기서 내가 강조하고 싶은 말은 '함께'라는 말이다. '함께 힘을 모아' 서로 의지하며 긴 여로를 이겨 낸다는 점이다.

인간 사회를 보자. 특히 한국 사회를. 오늘날 한국 사회는 수단과 방법을 가리지 않는 목적주의가 판을 치고 있다. 기본 인성(人性)이 사라지고 집단주의와 이분법 사고가 대세를 이루고 있다. 정의롭지도 않은 분들이 영리하기만 하다. 그런데 보라. 정의롭지 않은 영리함은 얼마나 야비한가. 인간 본연의 자세는 선함에 있다. 그런 것을 일깨우기 위해 종교가 존재하는지도 모른다. 선해야 한다. 선하지 않은 정의로움도 역겹다.

만물의 영장이라는 인간들이 공동 사회의 보편적 이익이 아니라 자신의 이익만을 위해 불의도 여과 없이 저지른다. 거짓과 위선에도 서슴없다. 그러면서도 당당하다. 서로 헐뜯고 편을 가르며 자신들의 이익을 위해 싸우고 있다.

프랑스의 소설가 스탕달은 "수치심은 제2의 속옷"이라고 말했다. 잘못을 저질렀을 때는 보편적 인간이라면 부끄러움과 수치심을 느끼는 것은 당연하다. 그런데 이 나라의 정치, 사회의 일부 지도자들은 부끄러움이라든가 수치심을 모르는 듯하다.

인간이 추구하는 삶이 어떤 삶이어야 한다고 규정짓기는 어렵다. 하지만 우리는 적어도 누군가에게 의미 있는 삶을 사는 것이 바람직하다고 본다. 각자 할 수 있는 아주 사소한 삶이라도 그것이 나뿐만 아니라 누구에겐가 도움이 되는 삶, 모두가 '함께'할 수 있는 공통적 행복에 가치를 둘 수 있어야 한다. 저속하고 역겨운 인간들의 행태에서 기러기들의 '함께'하는 공동체의 가치를 생각해 본다.

기러기 수명이 보통 30~40년인데 짝을 잃으면 결코 다른 짝을 찾지 않고 홀로 지낸다고 하니 사랑의 언약에도 충실하다. 그런 연유로 선조들은 혼례식에서 기러기 모형을 놓고 예(禮)를 올리는 것이다. 미물인 기러기들이 인간 사회에 주는 교훈이다.

대추나무와 염소

　내가 일하는 파주 출판도시 사무실 앞에 소나무가 몇 그루 있다. 어느 해인가 가뭄이 지속하자 소나무들이 시들시들 말라 들기 시작했다. 그런데 소나무에 솔방울이 무성하게 달리며 솔방울을 땅으로 툭툭 떨어뜨리는 게 아닌가. 삶에 위기를 느낀 소나무가 자손을 번식시키려 노력하는 모양이다.
　말라가는 소나무를 구하기로 했다. 물도 주고 영양제도 놓아주며 정성을 들였다. 소나무들은 원기를 회복하며 서서히 살아났다. 해가 바뀌자, 소나무는 언제 그랬냐는 듯 싱싱하게 살아났다. 그런데 솔방울은 지난해에 비해 한 1/3로 확 줄어 버렸다. 몸이 편해지니 게으름을 피우고 있는 모양이다. 식물도 본능적으로 생명 보존에 대한 욕구가 있는 게 분명하다.

그렇다. 나는 아버지 생전에 집 앞 대추나무에 염소를 매 놓으며 하시던 말씀이 생각났다. "이래야 대추가 많이 열린다. 묶여 있는 염소는 성미가 급해 가만히 있지 못하지. 쉬지 않고 움직이며 대추나무를 괴롭히거든. 위기를 느낀 대추나무는 더 깊고 단단하게 뿌리를 내리고 대추도 많이 열린단다. 알도 굵어지고." 하시는 것이다. 대추나무도 본능적으로 긴장하면서 생존에 위협을 느껴 필사적인 노력을 한다는 것이다. 그래서 대추도 많이 열린다는 것이다.

언젠가 속초를 방문한 적이 있었다. 횟집 수족관에 새끼 상어가 있었다. 누군가 원하면 팔기 위해 있는 줄 알았다. 내가 "상어도 있네." 하니 주인이 말한다. 물고기를 오래 살리려 수족관에 새끼 상어를 넣는다는 것이다. 물고기들은 상어에 잡아먹히지 않으려고 필사적으로 움직인다고 한다. 그 바람에 물고기들이 오래 싱싱하게 살아남을 수 있다고 한다. 닥친 위기를 벗어나기 위한 물고기들의 생존 전략이다.

나무도 물고기도 그런데 사람이야 더하지 않겠나. 사람의 몸도 마찬가지다. 그냥 편하게 놔두면 급속히 쇠퇴하고 질병과 노화에 취약해진다고 한다. 적게 먹고 많이 움직여야 건강해진다고 한다. 몸도 흔들어 주고 걷고 문질러 주기도 해야 생기발랄해지며 건강도 유지되고 오래 살 수 있다고 한다.

여자들이 남자들보다 대체로 더 오래 사는 이유도 여기에 있다고 본다. 집안일 하는 주부들을 보라. 온종일 움직인다. 시장 보고 요리하고 세탁하고 청소하며 하루를 보낸다. 피곤하고 허리 아프다고 하면서도 일을 한다. 많이 움직인다.

시골 장터에서 좌판 벌이고 채소를 파는 할머니들을 보라. 파, 호박, 감자, 당근 등을 조금씩 모아 놓고 파는 할머니들이다. 이 할머니들도 집에 누워 있는 할머니들보다 건강하다. 집에 누워 있는 할머니들도 이유는 있다. 좌판에 앉아 있는 할머니들에게도 집에 누워 있을 핑계가 없겠느냐만 나와 있다. 보기에 다 팔아도 2~3만 원 정도밖에 안 돼 보인다. 그래도 온종일 앉아 꼼지락거리며 오가는 사람들을 쳐다본다. 꼭 물건을 팔 의향이 강렬해 보이지도 않는다.

시장에 좌판을 벌이고 나와 있는 이유도 다양하다. 손자 용돈이라도 주고 싶어서 나와 있다는 노인도 있다. 그러나 내 보기에는 집에 그냥 멀뚱히 누워 있는 게 답답하고 싫어 좌판 벌이고 앉아 있다고 본다. 사람들 구경하는 게 좋아서, 집에 있어 봐야 심심해서 나와 있는 이유가 더 크다. 그런데 이렇게 나와 움직이는 할머니들이 집에 누워 있는 할머니들보다 건강하다. 오래 산다.

집안에 환자가 생겼을 때도 보라. 꼭 살아야 한다는 소명 의식이 있는 환자는 필사적으로 움직이려 한다. 다친 사람이 누워 있다 못 일어나면 근육을 잃고 생을 마감하게 된다. 필사적으로 걸으려 노력하며 움직일 때 소생한다. 살아야 하는 필연적인 이유가 있을 때 소생과 회복은 빠르다.

사는 동안 게으름 피우지 말고 열심히 움직여야 한다. 오래도록 건강하게 살 수 있기도 하지만 인생을 성공적으로 살려는 방편이 되기 때문이다. 살면서 만나는 위기도 부지런함으로 이겨 낼 수 있다. 염소에 휘둘리는 대추나무처럼. 상어에 쫓기는 물고기처럼.

지혜의 담론

이숭원(李崇源, 문학평론가)

"내 위에는 별이 빛나는 천공天空, 내 안에는 도덕 법칙." 칸트가 남긴 말이다. 철학계 성인으로 알려진 칸트의 말이라 거리감이 느껴질지 모르지만, 요즘 같은 난세에는 가슴에 새겨둘 말이다. 천공은 하늘이라는 뜻인데, 이 문장에서는 하늘이라는 말보다 천공이라는 한자어가 더 무게감을 준다. 내 위에 별이 초롱초롱한 하늘이 나를 지켜보는 것처럼, 내 마음속에는 변하지 않는 도덕적 기율이 내 언행을 지켜보고 있다는 뜻이다. 사람들이 저마다 이러한 태도를 지니고 산다면, 악행인 줄 알면서 그릇된 행동을 하는 일은 없을 것이다.

마음속에 도덕적 기율을 담아 놓기 위해서는 끊임없는 마음 수행이 필요하다. 자기의 언행이 기율에 어긋나지 않도록 삼가고 경계하는 자세가 있어야 한다. 그러기 위해서는 독서와 사색이 필요하다. 책을 읽고 거기서 마음의 양식을 찾아내고 그것을 생활에 활용하는 자세가 필요하다.

그런 점에서 이길원 시인의 수상록 『생텍쥐페리의 미소』는 우리에게 지혜의 오솔길을 열어주는 매우 유용한 책이라고 자신 있게 말할 수 있다. 저자는 서문에서 이 글을 집필하는 동안 독서량이 엄청나게 늘었다고 술회했다. 이길원 시인도 사색과 성찰을 정비하기 위해 많은 책을 읽고 거기서 아이디어를 얻은 것이다. 우리도 이 책을 읽으면서 삶의 지혜를 얻고 생활의 지침을 찾을 수 있다. 그만큼 이 책에는 우리가 알지 못했던 귀중한 지혜의 담론이 풍성하게 담겨 있다. 이 책에 담긴 일화나 격언만 열거해도 인생 지침서 한 권이 이루어질 것이다. 그것을 다 소개하지는 못하고 내 마음에 큰 울림을 준 몇 가지만 소개하는 것으로 나의 소임을 다하고자 한다.

이 책에는 우리가 가지고 있는 고정된 시각의 틀을 교정하는

데 도움을 주는 이야기들이 담겨 있다. 시각의 교정은 마음가짐을 바꾸게 하고 마음의 변화는 태도의 변화를 일으킨다. 작은 시선의 변화가 행동의 변화를 일으켜 나중에 크고 중요한 성과를 이루는 예를 볼 수 있다.

소설가 헤밍웨이는 여러 가지 명언을 남겼는데, 이 책에서는 "행복은 멀리 있는 것이 아니라 손이 닿는 가까운 곳에 있다. 행복은 자기 손이 닿는 곳에 꽃밭을 만드는 것이다."라는 말을 소개했다. 이 말은 평범한 말처럼 보이지만, 평범함 속에 진실이 있다는 사실을 우리는 알아야 한다. 미국의 한 심리학자가 강의실에서 실험을 통해 학생들에게 이것을 일깨우고 행복의 원리를 '헤밍웨이의 법칙'이라고 명명했다고 한다. 많은 풍선 가운데 자기 이름이 담긴 풍선을 찾는 것은 어렵지만, 누군가의 이름이 담긴 풍선을 그 사람에게 건네는 일은 쉽다. 행복을 찾는 것도 마찬가지다. 다른 사람의 행복을 찾아주는 일이 곧 자기의 행복임을 알면 세상을 살기가 훨씬 수월해진다는 것이다.

톨스토이는 박애주의 소설가로 알려져 있다. 그 사상의 기원이 어디 있는가를 알지 못했는데, 「톨스토이의 사랑」을 읽고 그

기원을 알게 되었다. 톨스토이가 여행 중 어느 여관에 머물렀는데, 그 집 아이가 손님의 가죽 가방이 갖고 싶다며 울고 보채고 있었다. 선량한 톨스토이는 여행에서 돌아올 때 그 가방을 주겠다고 약속했다. 톨스토이가 여행을 마치고 그 여관에 돌아와 보니 그 아이는 급성 폐렴으로 조금 전에 세상을 떠났다고 했다. 톨스토이는 "그때 내가 가방을 소년에게 바로 주었더라면 얼마나 행복해 했을까."하고 후회했다고 한다. "사랑은 유예하는 것이 아니다. 사랑해야겠다고 느끼는 순간 바로 사랑해야 한다. (…) 중요한 시간은 바로 지금 이 시간, 가장 중요한 사람은 지금 내 앞에 있는 사람. 가장 중요한 일은 지금 하는 그 일이다."라는 명언을 남겼다. 두고두고 실천해야 할 귀중한 금언인데, 이 책에서 일화와 함께 접하니 감동이 더 크게 다가왔다.

소설 『빛나는 성벽』의 저자 텔마 톰슨(Thelma Thomson)은 군인 남편을 따라 모하비 사막의 훈련소로 가서 살았다. 모래바람으로 가득 찬 황량한 사막에서의 삶은 고독하고 삭막했다. 그녀는 친정 부모에게 자신의 고통을 호소하는 편지를 보냈다. 친정아버지의 답장은 간단했는데, 뜻밖에 위로를 주었다. 감옥에 갇힌

두 사나이 중 한 명은 밤하늘에 반짝이는 별을 헤아리며 자신의 미래를 꿈꾸며 살았고, 다른 한 명은 감옥에 굴러다니는 먼지와 바퀴벌레를 세며 불평과 원망으로 살았다는 간단한 내용이었다. 이 글에 감화를 입어 그는 사막의 자연과 삶을 관찰하여 거기서 의미를 찾고 그것을 소설로 써서 성공했다. 성공한 후 그녀는 이렇게 말했다고 한다. "모하비 사막은 변하지 않았으나, 내 생각이 변했다. 생각을 바꾸니 비참한 경험이 가장 흥미로운 인생으로 변하게 되었다." 헤밍웨이의 경우처럼 행복은 마음먹기에 달렸다. 불행한 상황도 마음먹기에 따라 의미 있는 공간으로 다가올 수 있음을 깨달은 것이다.

마이크로소프트에 고용된 임시 청소부의 이야기를 소개한 『일은 축복이다』는 정말 감동적이다. 그녀는 회사에서 "제일 고된 일을 하면서도 가장 적은 월급을 받는 사람"이었다. 그러나 그녀는 늘 기쁜 마음으로 일을 하며 항상 웃는 낯으로 사람들을 대했다. 그녀의 태도는 다른 직원들에게도 많은 영향을 주었다. 회사 대표 빌 게이츠가 이 사실을 알고 그녀에게 연유를 묻자, 그녀는 이렇게 대답했다.

"이 일을 정말 좋아하기 때문이지요. 저는 아는 것도 없고 학력도 낮습니다. 하지만 회사는 그런 저에게 일할 기회를 주었고, 자식들을 대학에 보낼 수 있을 만큼 월급도 충분히 주었습니다. 얼마나 감사한지요. 제가 회사에 보답할 방법은 최선을 다해 열심히 일하는 것뿐입니다. 이런 생각을 하면 저절로 신이 납니다."

이러한 생각을 가진 그녀는 곧 회사의 중요한 일을 익혀 정직원이 되었다. 작가는 이 이야기를 소개하며 "인생을 누릴 줄 아는 사람은 어려운 상황에서도 기쁘고 긍정적인 마음을 잃지 않는다. (…) 주어진 일에 감사하며 열심히 할 때 행복의 문도 열린다."라고 끝맺었다. 어려운 일을 기피하고 눈앞의 이익을 좇는 요즘 상황에 절실하게 필요한 이야기다.

「카프만 부인의 〈광야의 샘〉」에 나오는 누에고치 이야기와 「인생은 아프다」에 나오는 기린의 새끼 양육에 관한 이야기도 감동을 준다. 앞의 청소부 이야기처럼 힘든 일을 기피하고 편한 것만 찾는 요즘 세태에 필요한 이야기다. 동물의 생태에서 교훈을 얻는 내용인데 이 이야기를 읽고 젊은 세대들이 시련을 이겨내는 방법을 터득했으면 좋겠다.

　카프만 부인은 누에고치의 몸바꿈을 관찰하는 과정에서 중요한 사실을 발견했다. 누에고치에서 나비로 바뀌어 작은 틈새로 나오려고 애쓰는 동작을 하면, 몸의 영양분이 날개 끝까지 공급되어 날개에 힘이 생기고 물기도 알맞게 말라 쉽게 날 수 있다는 사실을 발견했다. 이에 비해 넓은 구멍으로 쉽게 나온 나비는 영양분이 어깨에 그대로 남아있어 정작 날아야 할 날개 쪽에 힘이 가지 않아 날지 못한다는 사실을 발견한 것이다. 좁은 고치 틈새로 빠져나오는 것이 고통스럽지만, 그것을 통해 날개에 힘이 생겨 하늘을 날 수 있게 되는 것이다. 시련이 클수록 그것을 극복하려는 의지가 강해지고 그것을 통해 더 큰 생명력이 생긴다는 사실을 알 수 있다. 인간도 예외가 아닐 것이다.

　이와 비슷한 이야기가 기린의 새끼 출산 과정에도 나온다. 아프리카 기린은 선 채로 새끼를 낳기 때문에 새끼 기린은 수직으로 곧장 떨어져 몸이 땅바닥에 내동댕이쳐진다. 충격으로 잠시 멍해 있던 새끼가 간신히 정신을 차리는 순간, 엄마 기린은 새끼 기린을 세게 걷어찬다. 새끼가 아픔을 견디고 다시 정신을 차리면 엄마 기린이 처음보다 더 아프게 새끼를 걷어찬다. 새끼는 계속 걷어차이는 것이 두려워서 가늘고 긴 다리로 비틀거리며 일어서서 움직이기 시작한다. 그러면 엄마 기린이 한 번 더 엉덩이를 세게 걷어찬다. 충격으로 자빠졌다가 벌떡 일어난 새끼 기린은 달리기 시작한다. 그제야 엄마 기린이 다가와 새끼 기린을 핥아 주며 보듬기 시작한다. 새끼 기린이 자기 힘으로 달리지 않으면 즉시 하이에나와 사자들의 먹잇감이 된다는 사실을 엄마 기린은 알고 있기에 일어서고 달려서 생존하는 법을 배우라고 새끼 기린을 걷어찬 것이다.

우리 인생도 이처럼 발길질당하는 수난을 겪어야 거친 세상에서 살아가고 성장할 수 있다. "긴 겨울 혹독한 추위를 견디며 넘긴 개나리나 진달래가 화려하게 꽃을 피우는 것처럼, 우리 삶도 시련을 넘어야 바로 설 수 있다."고 저자는 말한다. "청춘이라 아픈 게 아니다. 인생 자체가 아프다."라는 저자의 말은 우리에게 힘과 위로를 준다.

곰과 늑대 잡기에 관련된 우화라든가 야생마와 흡혈박쥐 관련 이야기도 내가 처음 접하는 신기한 사연인데 삶의 교훈을 담고 있어서 다른 사람들에게도 들려주고 싶다.

예전에 아메리카 인디언들이 곰을 잡는 방법으로 전해지는 이야기다. 꿀을 커다란 바위에 바른 후 나무에 매달아 놓으면 곰이 꿀 냄새에 취해 바위로 접근한다. 꿀을 먹으려고 바위를 잡으면 바위가 미끄러져서 뒤로 밀려난다. 밀려난 바위는 그 반동으로 곰을 치게 된다. 바위에 맞은 곰이 화가 나서 바위를 다시 세차게 치면 바위는 반동으로 다시 더 세게 곰을 친다. 이 일이 반복되면 곰은 결국 지쳐 쓰러지고 사람들은 쓰러진 곰을 묶어 오기만 하면 된다는 것이다.

알래스카 원주민들에게도 이와 비슷한 늑대 사냥 이야기가 전해진다. 늑대들이 허기에 시달릴 때 날카로운 창에 짐승의 피를 발라 늑대들이 지나가는 길에 세워 놓으면 굶주린 늑대들이 피 냄새를 맡고 몰려와 피가 묻은 창을 핥는다. 늑대들은 피 냄새에 정신이 팔려 자신의 혀가 창에 찢겨도 피 핥는 일에 몰두한다. 찢어진 혀에서 피가 계속 나오고 늑대는 그 피가 자기 피 인지도 모른 채 정신없이 핥다가 기진맥진해서 죽음에 이르고 원주민들은 죽은 늑대를 묶어 오기만 하면 된다는 것이다.

믿기 어려운 이 두 이야기는 우리에게 삶의 교훈을 전달한다. 눈앞의 먹이에 정신이 팔려 결국 죽음에 이르는 동물을 통해 달콤한 유혹에 빠져 자신을 파멸시키는 인간들의 사례를 우화 형식으로 제시한 것이다. 이러한 동물 우화를 통해 유혹에 빠지지 않고 사리 분별하는 현명한 태도를 유지해야 한다는 교훈을 얻을 수 있다.

「야생마 엔딩」도 내가 전혀 모르던 이야기라서 호기심을 자아내고 새로운 각성 효과가 컸다. 아프리카의 야생말은 다리에 붙은 흡혈박쥐에게 피를 빨리다가 선 채로 죽음을 맞이한다. 동물학자들의 연구 결과 흡혈박쥐가 빠는 피는 극소량이라 생명에 지장을 주지 않는다고 한다. 동물학자들은 야생마가 목숨을 잃는 진짜 이유를 흡혈박쥐에 대한 분노 때문이라고 보았다. 야생마는 흡혈박쥐가 자기 몸에 달라붙어 피를 빤다는 사실에 분노하여 격렬한 반응을 보였기에 사망에 이르렀다는 것이다. 심리학자들은 이러한 현상을 〈야생마 엔딩〉이라고 명명했다. 개에 대해서도 비슷한 실험을 했는데, 배고픈 개 한 마리를 철창에 가두고 철창 밖에서 다른 개가 고기를 먹게 했더니 철창 안의 개가 질투와 분노에 사로잡혀 노이로제 같은 심각한 병적인 반응을 보였다는 것이다. 결국 분노와 질투 같은 심리적 반응이 병과 죽음을 일으킨다는 것을 알게 되었다.

인간에게도 질투와 분노가 만병의 근원이 된다. 「말의 향기」를 보면 시어머니에게 구박받은 며느리는 화를 참으며 아기에게 젖을 물리기 때문에 젖에 독성이 생겨 아기에게 탈이 난다는 것이다. 부부와 고부간에 다툼이 잦아도 아이에게 병이 나기 쉽다. 분노가 몸의 독소로 작용하기 때문이다. "장맛이 나쁘면 집안이 기운다."라는 속담도 이와 관련이 있다. 메주는 집안의 미생물에 의해 발효가 되는데 가족 간에 다툼이 잦으면 분노의 화기로 메주 균이 죽는다. 메주가 제대로 발효되지 못하면 결국 장맛이 나빠지는 것이다. 싸움이 잦은 집에 사는 아이들이 끊임없이 온몸에 부스럼과 종기를 달고 사는 이유도 바로 여기에 있다. 분노의 기운이 아이들의 혈관 속을 흐르기 때문이다. 분노가 만병의 근원이 되고 행복의 장애물이 된다는 사실을 이러한 예화를 통해 새롭게 알게 되었다.

이와 더불어 구체적 사례를 들어 소개한 실존 인물들의 성공담은 세상살이에 실제적인 도움을 준다. 독일의 수학자 가우스는 어릴 때부터 수학 신동으로 이름이 났다. 19살에 괴팅겐 대학 재학 중일 때 교수로부터 어려운 수학 문제를 과제로 받고 밤새 씨름해서 아침에야 해결했다. 그런데 그 문제는 2천 년 동안 아무도 풀지 못했던 난제로 교수가 실수로 건넨 것이었다. 가우스는 훗날에 이 일을 회상하며 그러한 사실을 미리 알았더라면 자신도 그 문제를 풀지 못했을 것이라고 말했다. 앞일을 예견하지 않고 어려움에 부딪혀 최선을 다할 때 어려움을 극복할 수 있다는 뜻이다. 저자는 가우스의 일화에서 이런 지혜의 담론을 끌어냈다.

아인슈타인은 초등학교 1학년 때 담임선생님으로부터 부정적인 평가서를 받았지만, 그의 어머니는 "남과 같으면 결코 남보다 나은 사람이 될 수 없다. 너는 남과 다르므로 훌륭한 사람이 될 거야."라고 격려했다고 한다. 아인슈타인은 주위의 평가에 좌우되지 않고 자신이 하고 싶은 일을 열심히 했고 그 결과 세계적인 과학자로 이름을 날리게 되었다. 저자는 이 이야기를 통해 우리의 교육 현실을 반성하면서 남들과 비슷하게 사는 것보다 남과 다르게 살면서 자기만의 특기나 적성을 살리는 것이 잘 사는 길이요 성공의 길이라고 강조한다. 저자의 실제 경험이 담긴 권유이기도 해서 더 큰 공감을 준다.

「꿈과 신념」과 「새로 시작하자」는 훌륭한 선생님의 가르침에 의해 성공한 사람들의 이야기를 담았다. 뉴욕 빈민가의 열악한 초등학교에 부임한 피어 폴 선생님은 손금을 보아주면서 학생들에게 꿈을 심어 주었다. 한 흑인 학생의 손금을 본 다음 그의 눈을 쳐다보면서 "정말 굉장하구나. 넌 커서 뉴욕의 주지사가 되겠다."라고 말했다. 그 아이는 선생님의 이 말을 가슴 깊이 새기고 그에 맞는 행동을 하려고 노력했다. 이러한 노력의 결과 51세에 뉴욕 최초의 흑인 주지사가 되었다. 그 사람이 로저 롤스다. 다른 아이들도 선생님의 말씀을 들은 후 행동의 변화가 일어나 공부를 열심히 해서 좋은 대학에 진학하고 부자가 되거나 높은 지위에 올랐다. 로저 롤스는 뉴욕 주지사 취임식 날, 수많은 기자 앞에서 자신이 주지사가 된 것은 피어 폴 선생님 덕분이라고 분명히 밝혔다. 이러한 인간 승리가 선생님의 덕담 하나로 이루어진다는 것을 실제적인 사례로 알려 주었다.

비슷한 사례로 미국 뉴저지주 작은 중학교의 문제아 학급에 담임으로 배정된 "젊고 아름다운 페일리 선생"은 부임 첫날, 권위를 내세우거나 훈계하지 않고 세 사람의 청년 시절 이야기를 소개했다. 그중 두 사례는 젊은 시절에는 방탕한 삶을 살았으나 과거를 극복하고 훌륭한 사람이 된 예이고, 나머지 하나는 그 반대의 경로를 보인 히틀러의 사례다. 선생님은 과거는 과거일 뿐, 그것이 인생의 전부라고 말할 수 없으며 진짜 인생은 지금 이 순간부터 시작된다는 사실을 강조했다. 선생님의 말씀은 학생들의 운명을 바꿔 놓았다. 학생들은 모두 건실하게 자라서 여러 분야에서 자신의 꿈을 이루었다. 그 반에서 가장 말썽을 피웠던 한 학생은 훗날 월가의 펀드매니저가 되어 과거를 회상하면서 선생님은 항상 "과거는 중요하지 않다. 현재와 미래에 충실해라."라고 말했다고 강조했다. 선생님의 노력과 감화를 통해 학생들이 변화하고 성공할 수 있음을 소개한 감동적인 실화다.

이러한 많은 교훈과 각성의 일화는 최종적으로 하나의 잠언에 귀결된다. 그 잠언은 '말의 향기'다. '말의 향기'는 백수를 누리시고 소천하신 시인 황금찬 선생님의 어록에 있는 내용이다. 그분은 평소 "꽃처럼 말하라. 그러면 네가 꽃이 될 것이다."라는 말을 자주 하셨다. 또 "네 음성은 물소리를 닮아라."라는 시구도 있다고 한다. 저자는 "물소리 닮은 음성으로 꽃처럼 말한다면 듣는 사람은 얼마나 행복할까."라고 썼다. 저자가 펼친 지혜의 담론이 지향하는 지점은 바로 이것이다. 물소리를 닮은 음성으로 꽃처럼 말한다면 그 말에서 저절로 향기가 우러날 것이다. 향기가 담긴 말은 모든 사람을 윤택하게 하고 자연도 번창하게 할 것이다.

분노의 마음이 메주를 상하게 하고 장맛을 흐리게 하며, 사악한 마음이 사람들 몸에 병을 일으키지만, 향기가 풍기는 말은 세상을 보는 시선을 온화하게 한다. 온화한 시선은 분쟁을 잠재우고 갈등을 가라앉혀 올바른 삶을 살게 한다. 온화한 시선으로 올바르게 살면 인생에서 성공하고 존경받는 자리에 오른다. 이러한 만고의 진리를 이 수상록은 여러 가지 예화를 통해 자상하게 일러주었다. 구구절절 힘이 되고 자양이 되는 지혜 담론의 보고다. 이 보물이 널리 전파되어 모든 사람들이 온화하고 올바르게 살기를 바라는 마음 간절하다. 이 책이 출간되기 전에 이렇게 먼저 읽고 감상을 적게 된 것도 행운이다. 이러한 행운을 안겨주신 이길원 시인께 고마움을 전하며 이 글을 멈춘다.